校長論壇選萃

學校價值教育面面觀

2022

中華教育

出版説明

　　「校長論壇」是 2020 年由中華教育文化交流基金會發起主辦，由香港中華書局與香港管理學院、集古齋承辦，中國文學藝術界聯合會香港會員總會（香港文聯）、香港美協等機構協辦的文化活動品牌。其目的是面向香港的教育實踐與發展研究，以香港中小學為切入點，通過一系列論壇、講座等文化活動來弘揚中華文化，構建一個促進香港教育發展的開放性文化教育交流平台。

　　「校長論壇」主要活動形式是每月一次的主題討論，由主辦方和校方合作推出論壇主題，然後邀請相關著名專家學者與校長們和老師們一起通過線上線下形式分享新的教育研究學術成果、學校教育管理新觀念、新方法，特別是中華文化教育的經驗，促進學術、出版與學校之間的溝通交流，冀全面提升學校管理水準，促進香港社會的文化建設。

　　本書收錄了校長論壇 2022 年度共十二場活動的精彩內容，包括白鶴、周婉芬、蔡若蓮、招祥麒、焦天龍、孫華等學者與十多位校長的對談。十二場論壇主題多元，涵蓋中華文化傳承、兒童遊戲治療、寫作教學、價值教育、文化安全、國情教育等多個範疇，回應了當今香港教育的需求，也集中反映了文化教育學術研究的新動態或新成果。

　　本書以文字的方式記錄了十二場論壇全貌。這些文字充分體現了香港當代教育者的實踐活動，凝聚了香港教育界和海內外學術界、文化界的教育研究成果，這是校長論壇選萃出版的第二輯，是校長論壇發展漸趨成熟的體現。隨着「校長論壇」主題和活動越益廣泛和深入，相關出版物也會陸續問世，希望它可以帶給香港教育工作者一點啟發，推動本地教育進步。

目錄

書法與中華文化傳承

白鶴教授 (下稱：白)
西泠學堂特聘名師

鄧兆鴻校長 (下稱：鄧)
香港書法家協會副會長

鄧：教授你好。

白：你好。尊敬的各位校長、各位來賓、同道、朋友們，十分感謝香港中華教育文化交流基金會、香港中華書局、集古齋的大力支持，讓我有機會在這個平台和大家一起交流，分享中國的書法文化。

現在正好遇上春節，進入一個喜慶的日子，今天的話題就講寫春聯吧。假如是講書法與中華文化傳承的話，範圍非常之廣。關於這個話題，我想到一個問題，就是究竟書法對中國文化作用有多大，講完後，就聊寫春聯的事情。

記得幾十年前，我讀了一本書，這個作者應該大家都知道，叫林語堂。林語堂寫過一本書叫《中國人》，關於書法方面的問題，他在這本書寫過一句話，我當時讀過之後非

常震驚 ——「也許只有在書法上，我們才能看到中國人藝術心靈的極致。」我想這句話應該放在我們講題上是最合適的，但是由於時間的問題，我們不展開這個話題，主要就講寫春聯。

我想向鄧校長和在座的每一位提問一下，寫春聯是一件非常快樂的事情，這是毫無疑問的，這是喜慶和迎新年的；但是我們寫春聯的時候，一般很少用篆書或者草書寫，基本上是以楷書、行書和隸書為主，對嗎？這究竟是為甚麼呢？

鄧：我想春聯是喜慶的，讓看到的人開心，也讓貼着的人開心，如果我們寫春聯是用一些別人看不懂的書體去寫的話，可能會讓別人誤會，尤其是那些很繞口的語句，就會讓人覺得更加不舒服，如果新春都不舒服的話，那就真的不喜慶了，所以我們還是以容易辨識及認識的書體來寫。如果你問有沒有人用甲骨文寫的，我估計是有的，但大多數是自己在家寫、在家看。書法，特別是在新春的時候，應該是給人一種很穩重、很寬容、很舒服的感覺，這樣會讓我感覺好些。

白：我的理解也是這樣，因為春節是喜慶的，寫春聯、寫「福」字不僅僅是寫給自己的。

鄧：對。

白：春聯是寫給誰的？第一，毫無疑問是自己；第二，貼出去了之後，要讓所有路過的人都能看懂，也就是說所寫春聯能讓所有人看懂，也是祝福所有人的，我想這是相當重要的。另外還有一個問題，一般春聯是不落款、不蓋章的。

鄧：對，多數都是不落款的。因為我們不是表現自己，而是將自己的心意傳開給大家，所以通常都是不落款的。如果是私人自己寫的話，可能就會蓋章，但是紅色的章蓋在紅色的紙上是看不到的，所以我們很多時候都是蓋在宣紙上面，然後剪下來貼在春聯上，而這些春聯基本上都是在家裏擺放的，所以這樣的做法並不多。而且春聯是「桃符萬象更新」，每一年都要換的，所以當你撕下來之後，就要換一幅新的。

白：但也有例外，我寫春聯基本上是會落款蓋章的，為甚麼呢？一般情況下是不蓋章的，因為春聯是給所有人看的，不是你個人的東西，這是從大處去講。那麼反過來講，為甚麼要簽名蓋章？是為了傳承。蓋好章、簽好名，這幅春聯就可以傳下去，我是出於這樣的一個理由。我寫春聯裏面有不少技巧，像鄧校長在這裏寫的，基本上都是楷書。

鄧：對。

白：都是楷書。我們經常寫行書，那麼寫不同書體的時候，究竟應該要注意些甚麼呢？鄧校長我請教一下。

鄧：我想應該和書體相關，比如楷書要端正、方整。很多書法家都說，尤其是顏真卿，「筆筆送到底」，楷書也好，隸書也好，都一樣。有人認為行書不用，但我經常覺得行書有很多轉折位，撇和捺的末尾會不會寫到位呢？有時候也是需要一定的法度。我所寫的帶了一些行書的味道，尤其是揮春或春聯是放一整年的，所以需要端正點、莊重點。我很多時候都是從教隸書開始，我覺得隸書在行筆的時候，在對稱和結構上較穩健，所以有時候我們也會用隸書來寫春聯、揮春，反而在很多時候，篆書就用來寫一個「福」字，因為容易辨認。

白：對對對。

鄧：所以，寫個「福」字或者「壽」字都會有的。如果整篇都用篆書的話，用小篆還可以，用大篆或者籀篆的話，可能就不會有很多人看得懂。

白：其實在幾種書體當中，最難寫的應該就是楷書。

鄧：應該是的。

白：按照我們行內人的說法，沒有三十年的書法根基，楷書要寫成作品幾乎是不可能的，行書則比較好寫。我讓在座的每一位猜一下，最好寫的是哪種書體？

鄧：最好寫的是隸書，因為隸書只要橫平豎直就可以了，但

楷書在橫、撇、豎、直之上還要留意提按，要做一些「覆舟」，筆觸粗粗幼幼，尤其在一些筆對筆的接合位置，楷書會比較規範一些，隸書相對比較從容些，所以我覺得隸書最好寫。

白：對，相比之下楷書最難。最好寫的還有一種書體，筆畫不太複雜，那就是篆書，因為它用筆的方法是最簡單的。

鄧：小篆總共有三種筆法。

白：對。剛才鄧校長講了，隸書相當容易寫。另外，像鄧校長用楷書寫春聯的話，對我來講就產生了幾層含義，鄧校長看看對不對？第一，用楷書寫就表示你的心相當的誠，這裏我們可以涉及好幾個領域，比如我們平時常說的抄《心經》，一般情況下是不允許用行書或草書，基本上都是用正體字，如篆書、隸書、楷書。為甚麼呢？一筆一畫，就像做人一樣，要步步到位，表現出相當真誠的感覺。

鄧：這是我們中國人一些所謂的「標準」，尤其是讀書人，他需要一步一步、規規範範的。

白：對，這是第一。第二，給我產生一種甚麼感覺呢？用楷書寫，代表對過年、送舊迎新，乃至對所有事都產生一種敬畏感，因為用楷書來寫春聯是相當不容易的。儘管這麼說，反過來我又想到一個問題：假如來求寫春聯的人多的話，那麼寫楷書肯定很累，對吧？一筆一畫地寫楷書是很

花時間的。像我寫到現在為止，我基本上不用楷書寫，因為要的人多。最佳的方式是我用行書寫，不加草書，這是一種寫法。另外我發現鄧校長這次拿來的春聯，包括四個字的，裏面有很多很多內容，有些內容我還是第一次碰到。

一般來講，寫春聯的話就是辭舊迎新，這是主題。迎新以後，就把自己的心願、祝願等等放進去，希望今年能夠越過越好。但鄧校長這裏的內容就很豐富，有佛教，也有基督教，裏面包含了更多含義，這樣就產生了我最初的一個想法，就是書法與中華文化的傳承，也就是說書法可以涉及到我們中國人的生活、學問等各個領域，通過書法來傳播我們的文化，同時也傳播了我們中國人的意識和心理。

鄧：我寫春聯的時候，尤其寫揮春的時候，我不是只寫關於民間大眾的內容，比如「心想事成」、「萬事勝意」，還想帶出一些儒家思想，是中國人應該傳揚開去的，譬如「春涵仁愛」——春天來到，它是和風細雨，有仁義道德，有仁愛。大家能夠在香港或者世界，多將儒家思想宣揚出去的話，我覺得世界會和平、安樂很多，人也會舒服很多，所以我會寫這些。我有些佛教的朋友，會順道叫我幫他寫一些佛教的話語，我就挑了一些出來寫給他們，所以你會看到和平常的揮春略有不同。

白：我第一次感受到香港寫春聯的氣氛，那應該是在疫情前。當時我每週飛到香港上課，星期五飛過來，星期日飛回去，住在富薈上環酒店。我出門的時候，有好幾個攤子在

寫春聯，你們叫「揮春」。我很驚訝，為甚麼呢？因為我從來沒看見過寫春聯的攤子，像這種這麼好的一個習俗，在內地已經很少了，這是第一。第二，在門上貼春聯的習俗，在上海市區幾乎看不到。當然，上海也有這個做法，因為一般人都喜歡春聯，原因是甚麼呢？第一是大紅色，大紅色是代表喜慶的，第二，掛在家裏有一種吉祥的意味。

那麼香港貼春聯的情況怎麼樣，我就不清楚了，在上海的話，他們會把春聯掛在哪裏？不是貼在門上，他們覺得貼在門上浪費，因為你撕下來就破了，時間久了也壞了。上海會怎麼做？他們會按照春聯的尺寸專門做一個鏡框，把春聯放在一個鏡框裏面，每年都可換。當然現在還出現了一個現象，這是前兩年我聽學生講的，有人會專門收集春聯，假如收齊十二對的話，他們就想是否能夠拿去拍賣，那是相當有意義的。我身邊有好多朋友，包括學生，都在收集我的春聯。那麼就回到剛才說的，我就不得不落款蓋章，對吧。能湊到十二對春聯，十分不容易，十二年的緣分，非常有成就感，這次應該說是我第二次感受到香港過春節前的氣氛。後天我要飛回上海去過年，這樣一看，我們在春聯方面還有很多可以和大家交流的。

鄧：白教授說到很多人寫春聯都沒有蓋章和簽名，我收過我老師的一副春聯，他是有蓋章和寫名字的，我已經收藏了起來，不會貼在門口。香港人都很喜歡貼春聯，但是很多人都是買已經印好的揮春。對於寫春聯的情況，在香港真的

需要找人來寫，而且寫一對春聯真的不便宜，尤其是叫一些有名氣的人來寫，價格就更加不菲。通常有人要的話，我就會寫。另外，往年我也會去屯門或者大埔公開地寫揮春，任人去拿。我也會寫行書，但是有時候就應接不暇，因為太多人要了，所以在家寫的話大多數都是楷書，看起來斯文一點，或者是有人要求寫隸書，多數都是這樣。不過，「桃符萬象更新」，每一年都有一些新的希望、新的看法、新的景象，我們希望在揮春裏面能表現出一點，書寫的人在新一年裏面會出現一個甚麼現象，和帶來一個怎樣的新氣象。白教授後天離開香港，祝你新春愉快，回去過完年再回來，是嗎？

白：不好意思，我聽不懂粵語。我一直在假裝我聽懂了。

鄧：我說你回老家過新年，祝你新年快樂，各方面都順利。

白：謝謝。說到寫春聯，我突然又想起，不知道大家注意過中國的書法史嗎？對聯是甚麼時候出現的？

鄧：應該是魏晉南北朝的時候，第一副春聯出現，我也不記得叫甚麼了，年紀有點大，試試找找看。

白：我突然想起了一件事情，以前江南流行的春聯是不寫字的，叫做「無字對」。

鄧：叫「桃符」。

白：對，是「無字對」，希望這一年沒有事，平平安安。那為甚麼會產生春聯？這是一個假設，像我搞書法搞了五十一年，鄧校長也是一樣，看到一張紙，手會發癢 —— 江南是出文人的地方，你將「無字對」一掛，某個文人一看，就手癢了，拿起毛筆來就對上了，對句是很早就有的，漸漸地就產生了所謂的春聯。據我所知，在宋代以前的書法作品中，不要說春聯，連對聯都沒有。對聯流傳到現在為止，我看到比較早的是明代，元代趙孟頫也沒寫過。儘管我們留了很多甚麼「書房對」，但這是書房對而不是春聯。

我剛才講了一個假設，這個故事實際上就是源於明代，書法和我們中國人的生活起居關係非常大，還跟人的寄託產生了一種非常緊密的聯繫。比如我這人脾氣不好，沉不住氣，我寫一個「忍」字，用一個「忍」字作為我的座右銘；但是反過來講，我看到這個人寫一個「忍」字的話，我馬上換位思考，就會發現這個人就是沉不住氣，對不對？這些東西都傳承在我們中國人的心裏，所以中國書法對中國的文化、歷史、起居、審美，以及中國人的心態影響太大。

所以當初和鄧校長一起合作準備這個講座，當時我心裏也有點愣了一下，為甚麼？這個標題足足可以寫厚厚的一本書，書法牽涉到我們的方方面面，儘管我們進入電子化時代以後，都用手機、電腦，包括我的博士生竟然連繁體字都不認識，但書法還是作為一種文化的元素，一種文化的血液，沉澱在我們的心靈當中，所以我們通過今天對於寫

春聯這樣的話題，蘊含其中一個很重要的想法，也可以說很重要的期望，是能夠通過一個小小的寫春聯活動，激發中國人對書法的情結，特別是我們的下一代，像我兒子這一代的「八零後」，對書法的情結是非常非常淡的，但反過來講，日本人對書法的情結則相當高。

鄧：對。在新春第一天每個小孩都會寫的，是他們對自己新年的一個願望，不過內地很好，內地由幼稚園到大學都有教書法，連考試都要包含書法這一課，視作中國藝術。

相反在香港，反而是民間組織，或者一些學校的課外活動才做。我覺得在香港，退休的人才會比較想學，想讓自己沉靜下來，定下來做些事情。我也是近兩年來才開始教寫字，也有不少的人喜歡上書法課。書法能讓你的思慮靜下來，通過中國的文字表達出中國人儒家思想的寧靜，或者是作為藝術的一種修養，或者是人生的修養也好，所以書法是一門我們可以嘗試做的藝術，因為它很簡單，只需一盤墨、一支筆、一些紙就足夠。我老師常說，能拿着紙就已經很開心了，寫書法可以讓他放下一些繁瑣的事情，可以很靜心地做自己喜歡的工作，那就是寫字。

白：另外，在座的各位可能不會想到的一個重點，書法中還有一樣非常實際的，與人直接發生關係的，那就是人的生命。應該在二十年前，我在自己書房沒事幹，總是要找點事做，然後靈機一動，就從王羲之開始，一直到清末吳昌碩為止，把歷史上每個時期不能忽略掉的書法家，把

他們的年齡加起來，這裏包括非自然死亡的，哪怕是顏真卿七十六歲被叛軍勒死，李邕七十歲被奸臣用鞭子打死，也有王羲之，可能吃仙丹吃死的。總共多少人呢？18 個人。18 個人的年齡加起來除以 18，平均年齡的結果出來後，我非常驚訝。古人說「人生七十古來稀」，我們古代的書法家——

鄧：寫字的很多都七十歲以上，香港很多書法家現在仍然在世的有九十多歲了，早一陣子有幾個老書法家，八十多九十歲的，做了一個展覽。我覺得寫書法是可以延年益壽的。

白：這個結果是多少呢？72.4 歲，太驚訝了，好像比我們現在男性的平均壽命還要長，香港除外，香港目前是世界第一，本來是日本世界第一。那真是讓人太驚喜、太驚訝了，所以我得出這個結論後，我每年到日本去上課，在上課的時候，我將這個結論宣佈。哎呦，日本上了年紀的人都激動到不得了，說：「白鶴老師，我今後一定好好跟你學。」這是一個。另外一個，在當代的上海，年齡最大的，即是超過一百歲的，基本上都寫書法。其中有一個人是整個上海市壽命最長的，活了多久呢？一百一十歲。這個人就叫蘇局仙，是我的師兄；包括劉海粟到後來也是寫書法，活到九十九歲，還有大數學家、復旦大學校長蘇步青也是如此。所以書法涉及的層面太廣了，它涉及到我們的文化，我們的哲學，我們的審美，更重要的是涉及到我們的生命。

鄧：饒宗頤教授也一百歲才逝世，何繼賢老師逝世的時候九十六歲，大多數書法家年紀都能達到九十歲以上。在香港仍然在世，八十幾九十歲的老書法家有很多，比如余寄撫、施子清等。所以我很同意寫字像在練氣功，你要平靜了自己，思念和思緒都要安靜下來，你才能做到，這是練氣功的一種動態。

白：我突然想起一個問題，為甚麼寫書法的人壽命會這麼長？我先問一個小問題，任何一個人一輩子最不容易做到的事是哪件事？實際上就一個字，忘記的「忘」，因為你忘不了，才會產生痛苦，你忘掉了，甚麼事都沒有了。鄧校長在這方面應該有很深刻的體會，當你拿着毛筆寫字，只要十分鐘左右，甚麼都會忘記，也就是說，通過寫書法能夠把你的身心清空，這是最重要的原因。所以書法和氣功是有關係的，都是一個循環，這是我深有體會的，更關鍵的就是人的心態。我每天跟我的學生，特別是在日本和一些上了一定年齡的人寫書法。你一定要堅持每天寫書法，不需要多長時間，一個小時或者半個小時，為甚麼？半小時或者至少二十分鐘，你就可以把自己忘了，多舒服。

現在我們好多人都學瑜伽，瑜伽肯定沒有書法好。你在做瑜伽的同時，你的腦子沒放下；寫書法的話，一門心思在寫，你的腦子放下了，甚麼榮辱、開心不開心之類的東西，早就在九霄雲外了。在你的心目中、在你的眼裏看到的這是煙雨人生，煙雨就是書法，對不對？

鄧：我也有一個類似經驗，我有一個學生經常失眠，跟我學習書法的兩個月後，他和我說他睡得着了。一個人整天都在緊張，腦筋都很緊繃，但是當你寫完字之後，你整個人都放鬆了，所以他和我說他晚上睡得着，不會失眠，我覺得還是有點效果的，將一個人的煩惱洗掉，生命就會長久一些。

白：如果通過這個講座能夠激發起大家對書法的興趣，我們的目的就達到了。鄧校長，已經半個多小時了，那麼接下去我們還是當場寫吧，這個效果才會出來。

鄧：我覺得學寫字不要想着自己要變成一個書法家，只需讓自己放鬆下來，做一些自己喜歡的東西，那一刻你就是寫得最好的，每一天寫都有一個進步，每一天寫都有每一天的不同，如果我們能堅持每一天能做一點，我們會更加好。祝大家身體健康，事事如意。

白：祝大家新年好，萬事如意，心想事成，謝謝大家。

遊戲治療與學習成長

周婉芬博士
樂苗坊總監

　　有時候，我想大家會有好多誤解，以為遊戲治療（Play Therapy）即是玩遊戲，例如我們會玩一些桌上遊戲，或是某一類型的遊戲，其實遊戲治療並不是關於玩遊戲；又或者用另一個概念來講，我們會覺得和玩具有關，這是真的。《Play Therapy: The Art of the Relationship》這本書是我老師寫的，他是一個在遊戲治療方面的頂尖人物。其實遊戲治療的重點是關於關係，即是說不是以玩具去改變和治療小朋友，而是關係本身，改善我與小朋友的關係才是重點。

　　所以，我說玩具不是一件最重要的事，但是仍然很重要，因為小朋友的詞彙其實沒我們這麼多，他們可以很擅長反駁，但是如果要表達一些生活經驗，他們的詞彙就不夠我們豐富，所以當我們給他玩具時，他可以擁有多一些生字，稍後我都會有例子。例如你下班了，覺得今天很累，又覺得日子很無聊，你不知道做甚麼好，那麼你回到家可以用很豐富的話語，對你的伴侶說：「今天都不知道做甚麼好，不停工作但又好像甚麼都沒有做過，我上司又討厭，一直做些無謂的事。」你有很多的

詞彙去紓緩你的情緒。其實小朋友在學校都有很多情緒，但他們沒有辦法好像我們那樣紓緩。

有時候，小朋友在我的玩具房裏，他們會做甚麼呢？他們可以好像老師一樣，要我不停地抄手冊，然後他會看看我有沒有抄，叫我不要停手。之後就到小息了，小息結束後又讓我排隊，所以裏面有一些黑板或者設施，可以幫他們去紓緩，好像我們的工作經驗一樣，亦都同理。如果你上班感到不開心或者不舒服，你有機會去說的話，你整個人會舒服一些、輕鬆一些，好像扔去一些垃圾。所以我們的玩具就是多給小朋友一些詞彙，多給他們一個工具去紓緩情緒。在玩具房裏，小朋友有比較多詞彙，再加上他們的說話，年紀越大的小朋友可能會以兩種方式，也就是 bilingual，用說話再加上玩具，一起去組織經驗。

甚麼叫「組織經驗」？英文是 process，你去做一件事情，之後你需要去重述。譬如你有一次目睹了車禍，回到家很想和家人講述這件事，你就要去組織說：「剛才嚇死我了，好像拍戲一樣！」我們需要去抒發，否則這件事會整天存在於腦海中，不斷地出現。有時小朋友去醫院住了兩天，其實他們沒有辦法用說話來表達所見到的很多事，小朋友說的話你也未必會聽，但他們可以在玩具房裏當一次醫生，叫我看病，他們要問護士所說過的事，分享他在醫院的見聞，當然很多事都會混作一團，但這就是他們組織經驗的方法。有些人會覺得很莫名其妙，原來這麼多小朋友會害怕看醫生，這樣就可以紓緩他們的情緒。

為何遊戲治療與老師有關呢？因為我們認為老師和小朋友之間有一個很重要的關係，如果我們認為沒有關係，那麼事情是不會改變的。我和譚校長、黃校長好像毫無關聯，但其實我們三個人之間有些關係，如果稍後有機會可以說一下。我們三個的共同點是當過老師，我自己曾任教小學和中學，當然不及大家的年資豐富。我們和補習社最大的分別就是我們不只是教書，不只是教中英數，如果我們真的想改變下一代的生命的話，不建立關係是不會帶來改變的，所以遊戲治療十分着重關係，能協助我和小朋友建立關係，老師能認識到這件事的話，對他們和小朋友建立良好的關係有很大幫助，他們改變的力量會成倍增長。為甚麼我們希望家長學習遊戲治療？因為只要親子關係好，所有問題都會簡單很多。如果親子關係不好，就會製造很多情緒問題、行為問題；如果親子關係好，我們可以以此作為治療，對小朋友的身心方面都有治療效果。

另一方面，遊戲治療不單止應用在和小朋友建立的專業關係裏面，還可以應用在師生關係，即使是夫婦關係，我都覺得很有用。有時候我看見青少年有很多這類型的問題，我在遊戲治療中學到的東西都可以應用。

以下提到的幾個原則，其實我在學校要教三節課，所以現在我需要簡單快速地講解。第一個原則是「對小朋友有真正的興趣」。老師的角色不單止是教書，家長的角色不單止是撫養，很多時候我們對小朋友是否真的有興趣呢？家長下課看見兒女第一件事問的是甚麼？可能大家經常問「做完功課沒有？」那你是對他的功課更有興趣，還是對他的成績更有興趣？你有沒

有注意過小朋友？當中是有分別的。至於老師，究竟我們是看見他的成績，看見他上課睡覺，還是我真的對這個小朋友感興趣，想去認識他，喜歡他，想知道他在想甚麼，他今天的心情如何？這些都是我們要去思考的。但我發現這個世界，老師有老師的難處，家長有家長的難處，所有人對小朋友最大的興趣就是他的成績、他的功課，太少人去關注小朋友本身。

第二個原則是「無條件的接納」。我們都想在一個小朋友又乖、又活潑、又可愛的世界，但可惜事實不是這樣的。有一些很活躍的小朋友，他可能會在你需要安靜的時候不停走動、不停說話。這些小朋友是我們所謂令人討厭的——想他安靜，他偏偏不安靜。其實這些小朋友會有一些基本的需要，是希望你能接納的，不要只想他不擾亂課堂、不在家搗亂。接納是一個很重要的行為。

我想藉黃校長的一個例子來說明。有一次我與黃校長的女兒去一座教堂，他的女兒第一次體驗兒童主日學。我不知道黃校長是否還記得，那時候他的小女兒很輕鬆地走了進去，很開心，大女兒則不肯。我想大部分家長會對大女兒說：「妹妹都進去了，有甚麼好害怕的呢？」我們大部分人會比較，認為：「既然妹妹可以，為甚麼你不可以？有甚麼好害怕的？」但我看見黃校長並沒有逼迫小朋友，很自然地接納了每個人都不一樣——妹妹可以，不代表姐姐也可以。

我十分明白，因為我都是一個很慢熱的人，如果我們三個校長與一羣人吃飯，可能一次過後他們已經有很多話題，但我

要去四次才會覺得放鬆。所以，接納的意思就是，我不用刻意去像另一個人，不用像另一個小朋友那麼乖、那麼勇敢。小朋友覺得你接納他原來的行為模式，他就會和你關係好。我認為我們做老師的，可以撫心自問：究竟有沒有一些小朋友是我們十分不喜歡的？這是有分別的，你接納小朋友，並不等於接納他的行為。

我順帶一提稍後會說的內容，有一次我去聖公會的一所學校，去做一個小組活動，其中有一個五年級的小朋友十分活躍。當時我在做一個羣體活動，那個小朋友很聰明，十分擅長反駁，我正講解怎樣處理我們的情緒，在玩遊戲的時候，他犯了規，於是我扣了他一分。其實那些只是遊戲分，並不是件大事，我就拿他來做示範，寫了扣一分。他就說：「你的眼睛是不是有問題？你看甚麼？你有病嗎？」那一刻我真的十分生氣，他的為人亦很令人「討厭」，他說的話不好聽。

所以甚麼叫不接納呢？如果在我以前做訓導主任時，我會說：「你站起來！你再說一次！」當然我不鼓勵大家這樣做，因為這個小朋友他絕對會再說一次，我就會不知道說甚麼好。如果我叫他再說一次，他是會嘗試的，所以大家不要這樣做。我仍然會生氣，因為我是人。不過我們大人生氣的時候，有甚麼是不應該做的，就是不要傷害小朋友。我只是寫個「五」字，他就知道他要留堂五分鐘。這個行為的好處是我沒有憎恨這個小朋友，我沒有用言語傷害他，沒有說一些侮辱的說話，例如：「我從未見過低年級小朋友是好像你這樣的，你看看你甚麼態度，你聽聽你怎麼和別人說話。」這樣說是侮辱了小朋友的。

原來不止「天有眼」，小朋友也有。其他小朋友就會說：「其實她挺好的，她都沒有責罵你。」即是說，原來小朋友真的能看見你如何對待他們。我們經常教導小朋友不要「鬥惡」，不要用武力；但我們撫心自問，很多時候我們當家長的，看見小朋友做過分的事，一下就打下去。我們做大人的、做老師的，反而更兇惡地對待他們。小朋友看見我寫「五」字後沒再說話，但是我想，如果他再反駁，我就會說：「如果你選擇再講，就停止遊戲一次。」因為他很喜歡玩遊戲。有時候我們當大人的，也要記住見好就收，不要在小朋友停止反駁之後還繼續教訓他們，這叫「恐嚇」。

　　下課後他留堂五分鐘，臨走時他仍會說「再見周博士」、「謝謝你啊，再見」，所以我想我沒有失去這個小朋友，因為我只是對他的行為給予了一個後果，但並未令他覺得我討厭他。如果我們互相「鬥惡」的話，即使我贏了這個「決鬥」，卻會失去這個小朋友，我對這個小朋友的影響力亦將會失去。

　　第三個原則是「令兒童感到能安全表達自己」。我們在學校的課室氣氛，是十分鼓勵現代小朋友去表達意見。在家裏，有時候小朋友做錯事就好像「踩地雷」一般；在學校做錯事，我們又鼓勵小朋友去自由表達自己，這是違背人性的。我們很想小朋友自然地表達自己的意見或感覺，像我們在公司開會說錯話，老闆給你甚麼回應，你才覺得安全，我們都要讓小朋友感受到這一點。這是最重要的，要對小朋友的感覺敏感一些，因為他們是有感覺的。

今天早上，我的學生是一個媽媽，她轉發了她女兒的一段錄音給我，說：「其實我覺得上學是沒用的。」這個小朋友應該只是 K1（幼稚園一年級）的。她媽媽的反應就是「為甚麼呢？」其實很多小朋友都會有這樣的說話，例如小一的小朋友也會告訴媽媽：「其實我不喜歡上學。」大部分大人都會問「為甚麼」，其實我們是有答案的。如果我和你說「我不喜歡上班」，你是有答案的，不需要問「為甚麼」。我的學生發了一個流一滴眼淚的 emoji（表情符號）給我，因為她的女兒說其實上學是沒用的。我回應她說：「其實大部分小朋友都是這樣認為的，不過對一個 K1 的小朋友真的沒甚麼用。」當小朋友在說「上學沒用」或者「其實我不喜歡上學」時，我們可以先問他的感覺，他一定是不開心的。他不會說「去迪士尼沒用」，不會說「去公園太浪費時間」，他說「沒用」的時候，一定是他不開心。同樣地，這個 K1 的小朋友說其實他不喜歡上學，只有一個原因，就是他上學不開心。為甚麼我們說要反映出來？如果我們不反映，小朋友就不會知道我們明白他們。很多大人都說「我很了解我兒子」、「我很了解我女兒」，但很可惜小朋友不這樣認為。這導致一個很大的落差——你認為你明白，但他不覺得。這導致小朋友在長大過程中覺得很孤獨，原來很多感覺沒有辦法說出來。

第四個原則是「對兒童的感覺敏銳，並反映他們的情緒」。我們很鼓勵家長或任何與小朋友共事的人去學會反映情緒。第一，我們可以多用眼睛去觀察小朋友的表情。就像我在哭的時候，你問我是否不開心，其實挺奇怪的，難道我要回答你有沙吹入眼睛嗎？所以我們與其問「為甚麼」，不如讓他明白你知道他不開心。第二，家長問小朋友「你為甚麼不喜歡上學？」之

後，我們會想改變他們的感覺。我們不單止不聽，或聽不明白，有很多家長甚至想改變小朋友的看法，就說：「其實上學挺不錯的，又有體育課，又有很多小朋友與你一起玩。」我們以為這樣說，小朋友就會覺得開心，但其實不會。如果你不想上班，我和你說：「其實上班也不錯，有那麼多同事一起，中午又可以一起吃飯」，是否說了這些就能改變你的感覺呢？不能，感覺不能被改變，只能透過對方明白、聆聽，然後紓緩一些，減少一些。你越想去改變，只會讓小朋友覺得你不明白。所以我會嘗試用眼睛、耳朵去觀察多一些、聆聽多一些，你反映出來的感覺，對方才會覺得你明白。

第五個原則是「尊重兒童去解決問題」。我突然又想起一個小朋友的例子。有一次我在一所小學做遊戲治療的時候，那個女孩是一個 ASD（Autistic Spectrum Disorder，自閉症類羣障礙）患者，即是能說話但自閉的小朋友，所以她在學校從來不說話。她見我的時候也戴了口罩不說話，也不太活動，但能看出來她十分不開心，於是我不時就說一些話。我就說：「我看見你很不開心。」她也沒甚麼反應。我又說：「我不知道為甚麼，我也不知道怎麼說，但我感覺你好像不開心。」我看見那個女孩有一滴眼淚，很觸動，我就想：「如果我明白更多就好了。」我沒辦法明白更多，我又不想再問更多，因為她也不會回答我。

很偶然地，我再去這所學校做教師培訓，再一次引用「一滴眼淚」的例子，我想教導老師多用眼睛觀察，因為我們是能看見的，只要我們不要只看作業，不要只注視不乖的小朋友，

多留意小朋友的情緒；做家長的也是，試試將你的直覺說出來，小朋友就會覺得：原來你對「我」這個人感興趣，眼睛裏面能看見「我」，明白「我」，即便你沒有說出來，知不知道原因也並不重要。在中場休息的時候，有個老師走過來，他說：「我知道你在說誰。」我當然沒公佈小朋友的姓名，我問：「你怎麼知道我剛剛那滴眼淚的例子在說誰？」他說那個女孩的媽媽來告訴他，她女兒見完我後好了很多。你們絕對不要隨便相信，我是沒有「魔法」的，只是因為我有機會見到她媽媽，去教導她做一些事，所以「魔術」並不是由我完成的，是她的媽媽。我是第一個明白那個女孩的人，但媽媽繼續成為明白她的那個人，她整個人才可以放鬆一些。這個「魔法」並不在我或者媽媽那裏，而是在於明白小朋友或是明白別人那裏。小朋友是有很多能力的，我們作為大人的，不要太心急去解決小朋友的問題，很多時候小朋友自己都能想到方法。

第六個原則是「尊重兒童的內在方向」。我們說 inner direction，在遊戲治療中我們的處理方式不是去問關於做功課或者「在家你為甚麼打弟弟？」之類的問題。我們很相信小朋友和大人都一樣，例如今天我去見譚校長，他是我的服務對象，我應該容讓譚校長去決定他想講關於他的家庭還是工作的事，不應由我去決定，對小朋友也是，為何要我決定他去說和弟弟的事呢？為何他不能自己決定今天需要講甚麼？我們要容讓小朋友去決定自己的方向。

關於聆聽，老師經常叫小朋友「聽話」，那我們有否聽他們的話？如果有小朋友在說另一個老師的壞話：「他只會懲罰

人！」或者「我才不會理他！」又或是你的女兒這樣和你說，該怎樣回應才能表達你明白呢？首先我們要明白她的情緒。「他只會懲罰人，我理他才怪。」一定是女兒被老師懲罰過，否則她不會這樣說。「你很生氣，可能他罰完你。」她會覺得你明白，但千萬不要說：「他罰你都是為了你好。」我經常覺得我們要有同理心，如果我被上司罵完，你對我說：「他罵你都是為了你好」，我會以後不再和你說任何事，「我不需要他為我好」，即使我的內心不是這樣想也會這樣說，而且「你以後也不需要為我好了，謝謝」。然而，大部分大人都會這樣回應小朋友，很想為那個老師說些好話，但這是不重要的，因為即便你說了，那一刹那都不會有任何改變，反而還應該趁機紓緩一下小朋友的情緒。我希望小朋友在成長過程中，不要經常覺得世界上沒人能明白他。

第七個原則是「過程不會催趕」。我教導家長不要責罵或者體罰，家長說嘗試過，有稱讚，亦有給後果。原來很多時候我們會期望做了這些之後，小朋友就應該已經改變了，但改變是一個過程。我不知道家長或者老師還有沒有在一月的時候許新年願望，如果你已經三十多歲的話，就應該不太會這樣做。在場的十幾位工作人員，我也想問問你們，誰還有許新年願望、定新年大計的？沒有。為甚麼我們不再定呢？因為過去我定了十年，但沒一年能完成。我曾定下十一時要睡覺，直到今天，一年應該沒有五天做到，就算有都應該是生病了，每天早上七時起牀反而更容易。我還想每個星期做運動，一個星期做兩天運動。我大多數希望的改變，很多時候都做不到，所以不是說改變沒有可能，而是我們要去接受，改變真的需要很多耐性。

我們三個在此之上有個共同點，尤其我自己，遊戲治療改變了我怎樣對待小朋友。我以前也是一個老師，若你問我是否一個很盡責、很勤奮的老師，我是，我花了很多心血。例如小朋友默書不及格，我一定會叫他們每個星期到我那裏補默，直到及格為止。但現在我會有另一個看法，原來小朋友懶散的根源是他們沒有信心，很快就會把內容忘掉，他們最需要有人相信他們可以，這就改變了我的看法。以前我覺得：我已經幫助你很多了，為甚麼你還是這樣呢？但我現在多了一份明白，也是透過遊戲治療的學習去改變我的。

　　我在大學教了很多年後又有一班小朋友，疫情的時候我們第一次教了家長如何進行遊戲治療，簡稱「親子遊戲」。我們經常說做老師要有訓練，做護士要有訓練，但做父母這個這麼艱難、重要的角色，竟然沒甚麼訓練，都是跟着上一代的教育方式去教育下一代，或者認為上一代做得不好，於是以相反的方式去教育，或者參考鄰居的教育方式去教育。其實這是一件很重要的事，所以我們很想令全香港的家長都當這是一個必修課程，是一樣很需要去學習的事情，這亦可以防止很多小朋友日後會出現的問題。此外，我們很想家長做小朋友第一順位的輔導員。如果我上班受了氣，我不開心也好，擔心也好，如果下班回家後有一個人肯聽我說，讓我紓緩了，那我去約見一個專家的機會，相信會小很多，因為我已經紓緩了一部分。

　　我們想家長懂得遊戲治療，可以幫他們成為小朋友日後所謂的治療員。我們看見很多基層家庭，有很多的需要，但他們的資源比較少，有很多困難，我們很想先服務這羣小朋友，所

以我們在 7 月做了第一次訓練，那時有一百五十個家長，之後我們就成立了「親子遊戲愛連繫」協會。這個協會聚集的所有人都不涉及金錢利益。今天我們三個來好像做推銷員一樣，我們在推廣一個夢想 —— 希望更多人、更多家長認識遊戲治療。我認為只要看見我的服務對象，原來是我們的下一代，就覺得很有意思；同時，我亦很希望有一天我們所有做兒童工作的、在學校的老師，例如黃校長，他都設有教導幼稚園老師的課程，都學習遊戲治療；希望所有家長都有機會接觸遊戲治療，這樣我們的世界將會是一個擁有更多愛和鼓勵、接納更多不同類型小朋友的世界，讓小朋友好好地長大。

我的分享到此為止。

在親子遊戲中學習成長

譚先明校長（下稱：譚）
聖公會聖安德烈小學校長

黃冠華校長（下稱：黃）
聖公會基榮小學校長

譚：很開心有機會和大家聊天，我是聖安德烈小學譚先明校長。

黃：我是基榮小學黃冠華校長。

譚：剛才周博士都有提到，黃校長你有在大學教一些幼稚園老師關於遊戲治療的課程。

黃：我在 2015 年開始在香港浸會大學任教，學生主要都是幼稚園老師。

譚：原來我們三個以前教學生的時候都是很兇的，剛才黃校長跟我說過。因為我認識周博士的時候，周博士已經是那麼溫柔，我很難想像到周博士兇的樣子是怎樣的，所以她剛才對着鏡頭示範她如何發怒，當我對比當年的自己，其實周博士那些算甚麼，我是真的很兇的。我教學生的時候很

兒，可能是因為我從小到大很喜歡看日本的勵志電視劇，覺得那些魔鬼教練很「有型」。開頭幾集或者劇情的前半段他都很嚴厲，到了結局，那些學生或是隊員在比賽裏勝出的時候，大家都會很感動，隨之就會有生命上的改變。初出來教書的時候，我很沉迷於扮演這樣的角色，所以我對我的學生要求很高。

周博士說她在家中不會用這種方法，我與她不一樣，我會，原因亦好像周博士剛才所說，因為我爸爸媽媽教我的方法都是很兇的。我兒子聽到我為他遞交買屋申請後沒有任何反應，亦沒有反駁我，他只是問了我一個問題：「為何一定要買房子？」於是我就說了一個小時關於香港經濟的話題，例如：香港如何用磚頭保值，然後「樓換樓」，財富如何翻倍……他仍然沒有反駁過一句話，當然我感覺到他是不開心的。當晚我在牀上失眠，很多他成長的畫面在我腦海中出現。我問自己：「喂，譚先明，當你把他抱在手上的時候，你對他的願望是甚麼？健康和快樂。他現在健康、快樂，但在他的成長過程裏面，你不斷地『為他好』，不斷改變對他的要求，不斷增加很多『為他好』的東西，直到今天我為他遞交申請，嘗試去買這間屋的時候，我都是在『為他好』。但如果他真的要接手『供』這層樓，他還會不會開心？可不可以仍然做他自己想做的工作？」

黃：正正是「我為你好」這句話，我也說一下我大女兒。我大女兒其實是一個很容易害羞的小朋友，很被動，不是很有膽

量去表達自己。當她由幼稚園升上小一的時候，在適應上出了很大問題，而她遇到的老師正正就是如你所說的「我為你好」，以及很「魔鬼教練」的老師。我相信可能很多老師在批改作業的時候都會糾正學生的字體，務求你寫英文要像 Times New Roman 那樣，一點也不能歪。在這個問題上，你正正能夠看到，其實她的自信心本身已經不高，現在更加直線下降。只是短短上學一個星期，她已經完全沒有自信心。

譚：這個功課是一年級的？

黃：一年級，最開初的功課來的。其實她寫得全對，不過那些字可能只是由於她的小手肌肉未能控制得很好，但老師就一定要她改正。我作為爸爸，同時作為教師，都很明白老師的心態，我有時也和我女兒說：「其實老師都想你寫好一些。」這句話說完之後，我都覺得很難受，因為你不是很明白女兒辛苦的感覺在哪裏。有時我和我太太說，功課做一次改正、寫多一次、寫漂亮一些，都不是壞事來的，不過沒想到那些測驗、小測，真的會扣分，這一刻我自己都接受不了。我的女兒問我：「爸爸我做錯了甚麼？」我很難再跟她說：「因為你的字寫得不漂亮。」明明答案對了，但還是要扣分，我開始明白小朋友 —— 即是我的女兒在想甚麼：究竟我如何寫才可以呢？在她的角度來說，可能她的字就是這樣，從小到大都是這樣寫。其實大家都知道，以後這個世界很多時候都會用電腦，可能我們自己長大了之後寫得更加潦草，你可能見到很多專業人士和醫生的字更

加看不懂，然後開始想：寫字是不是那麼重要呢？在小朋友的成長過程裏，是不是真的將一個字寫得很漂亮，就代表她很厲害呢？

這裏開始出現一個很大的問題，我的女兒開始越來越不適應學校的生活。在她的角度是怎樣的呢？她用了她的方法去處理她的問題 ——「我不寫就不會錯了，我不錯就不用改正。」漸漸地，她的考試卷和測驗卷很多都不做，她要確認自己百分之百正確才寫幾題。她是不是不懂做呢？我覺得她懂，但她不夠膽量下筆寫下去。我和我太太說，其實女兒真的不適合在這所學校讀書，所以這是當時想四處去找學校替她轉校的原因，當然不是你想轉就能轉到，再加上我大女兒的性格是害羞的，所有面試都是沒結果的，後來在學校裏的生活真的很差。

有一次，大概是上學期 11 月左右，我去和班主任溝通，我正在詢問一些事情而已，當時多問了一句話：「女兒這陣子上學的情況如何？」班主任就很輕描淡寫地和我說：「爸爸，是啊，你的女兒頗為奇怪的。」我就問他發生了甚麼事情，他就說：「已經開學兩個多月，一般小朋友都挺開心的，但是你的女兒，我覺得她與其他人相處的時候格格不入，她每個小息都不與人玩，坐在教室門口那張長椅那裏，一邊吃東西一邊哭。」我每次把這個經歷說出來，自己都想流眼淚，你作為爸爸怎麼可以讓女兒在學校受折磨，而老師又會覺得她很不正常？

究竟是缺少了甚麼呢？我眼看到的就是她很辛苦，但是我在遠處幫不了她，那種無助的感覺很強。正正就是這個原因，第一，當然即時想轉校；第二，就是在想：我身為老師，如果我們老師是這樣的話，我們的學生會怎樣呢？可能在家中的爸爸媽媽是不知道的。最大的問題就是可能爸爸媽媽和老師一起去逼小朋友，在那個小朋友的角度裏在想甚麼呢？那種辛苦的感覺不只是老師不明白，而是連爸爸媽媽都不明白，他家庭裏最親的人都不明白，之後他會不會將一些不開心的事和你分享呢？當他有困難的時候會不會和你說呢？

小學是這樣，慢慢升到小六，去到中學，我們經常說反叛期、青春期，那個學生在青春期之前積累了多少負面的能量，可能會在青春期一次過爆發出來。這個是我自己的反思，亦是我當時心想「我要讓老師懂得遊戲治療，我要讓家長懂得遊戲治療」的原因。當時我有個心願，我希望遊戲治療這個科目可能不單是在幼教裏是一個選修科，甚至可能是老師的培訓裏的一個必修課程。如果每所院校都做到這樣的話，所有老師都先學完，再去教導學生，老師和學生的關係一定非常非常好。

我在家裏與女兒做了甚麼呢？其實我們每說一句話都應該圍繞這三個訊息 ——「我明白、我接納、我關心」。遊戲治療是不是一些很複雜的概念呢？其實不是，只是我們每次說完一句話之後，可以回頭想一想：這句話有沒有這三個元素呢？如果沒有這三個元素，不如心理演習（mental rehearsal）有甚麼說法有包含這些訊息在裏面，我們再說一次，或者知道下次怎樣去說。

一般我教學生怎樣描述小朋友的情緒反應？舉個例子：有一次，我想已經是七八年前，某一個星期日早上六點多七點，我應該是在睡覺的。你知道我們教書的難得有一天可以睡久一些，很想晚起一些，希望很自然地醒來。那天大清早，大女兒就衝進我的房間裏弄醒了我，她說：「爸爸你看，我醒了！」你作為家長，可能你心裏說：我當然知道你醒了，但我想睡覺。那一刻我深呼吸了一口氣，我很不想睜開眼睛，但我看了看她，看到她那種雀躍，我回應了她一句：「真的很開心我一睜開眼就看到你了。」她抱了我一下後就很開心地自己走了出去，當然我又繼續睡了。

原來小朋友有些東西想和你分享，他想一起牀第一件事就是見到你，可能他的想法就是這麼簡單。如果相反，你說：「甚麼事啊？星期天早上你在幹甚麼啊？你睡醒了但我還想再睡一會兒。」可能會有這樣的情況出現，其實會不斷慢慢地磨蝕你與小朋友的關係。所以，為甚麼我說遊戲治療這麼能夠促進大人與小朋友的關係，就是靠這一點 ── 我們每說一句話都給甚麼訊息予我們的小朋友呢？相反，有時候我們也可以倒帶去回想：小時候爸爸媽媽和我說甚麼呢？你是小朋友的時候，爸爸媽媽如何和你說話呢？是不是每件事情都是你剛才所說的「我為你好」，每個階段你就搬一個「龍門」，加一些要求上去，再加一些要求上去？在小朋友的角度裏，就是不斷達不到你的要求，他

不斷追趕你的要求，很辛苦。其實小朋友看到自己一直說一直做都達不到爸爸的要求，他就會想：究竟是爸爸的要求太高，還是我自己能力不逮呢？

再舉一個例子：以前我教書的時候，有一次我經過學校轉角處的樓梯準備走進教員室，有一個學生就在樓梯上面「砰砰砰砰」地走下來，我被他很大聲的腳步聲嚇了一下，看一看他，他「砰砰砰砰」地又走了上去。我猜他應該正在被老師懲罰他要端正地走樓梯，可能是因為跳級，或者是衝樓梯這種不太好的行為。我看見他很不願意這樣走，而且很憤怒，即是「你叫我多走一次，那我就走給你看」那種對抗行為，但又沒膽量不走。當他走下來的時候，他在我面前，瞪着我，我就輕輕叫他過來，和他說了一句話，我說：「你很好，你那麼不想多走一次，你都走了。」他就「砰砰砰砰」地走了上去，走到最高的時候，他好像開始在思考我說的話，再走下來的時候就沒那麼用力了。他走了下來之後，我又叫他過來，和他多說了一句話，我說：「你越走越好了，我一定要說給那位老師聽。」他再走上去的時候真的走得很好，他還要一步一步地放好腳再走上去，這個學生只是二年級而已。他再走下來的時候，我就說：「不行了，你先繼續走，我一定要叫那位老師出來，我要當面稱讚你。」如是者，我就去教員室請那位老師出來，我說：「剛才這個學生走得很好，我忍不住要在你面前親自稱讚他一次。」

譚：那一刻那位老師是不在場的？

黃：那刻老師是不在場的。

譚：那麼，即使他走得好，那個老師也不知道。

黃：其實我們所說的回應很多都是一些「倒米」（幫倒忙）的回應，我舉個例子，例如學生說：「今天好多功課！想做死人嗎！」有時候大人聽到，會說：「做吧！講那麼多！」又或者「一早叫你快點開始做，現在很晚了，弄到這麼晚都做不完，你活該的！」又或者「你做不完，明天就知道厲害。」

譚：以前我會說第二句的。

黃：以前我也聽過不少，甚至我自己都會說這些話。但其實學生不是不想做，只是和你說真的有很多功課。這句話為甚麼我會抽出來說呢？以前我教書的時候，通常逢星期五的最後一節課是我教的，當我給功課的時候，學生就會說這句說話，彷彿我做錯事一樣，只不過是到最後一節課老師才上，我也要給功課的嘛。但是如果我說這三句的話，我是不是就不給功課呢？我給完功課之後，究竟學生怎樣想呢？會否覺得這個老師很壞呢？所以當時我都明白那些學生的心情，已經到了最後一節課，老師再給功課，真的是越給越多，這個週末真的不用玩了。其實你明白一下那個學生，學生是知道你要給功課的，知道還是要做功課的，但你反過來明白他一下，關係會改善很多。

以前我教書的時候，當然學生上課很好、很乖、很安靜，很專心聽你說，到討論的時候也很踴躍去討論。在上課的時候，我都有感而發地說：「我覺得教你們這班學生很幸福，你們不需要我很生氣就已經做得很好了，我很喜歡教你們。」其實你看到學生的眼裏面是會發光的，你與他們關係好，你和他們說的很多話，他們都能完全聽進去。在那一刻，我就明白原來我和他關係好，他們願意去聽，你說一些很簡單的道理，他們也會記在腦袋裏，真的會在你面前做得很好，甚至在你背後他們都會做得好。

有一次，有個學生在小息的時候來找我，說：「黃 sir，我請你吃炒米餅。」我說：「為何會是炒米餅呢？」他說他週末的時候去了沙頭角的婆婆家，婆婆教他炒米餅。我說：「你好好啊，放假還記掛着老師，還弄東西給我吃。」那個學生其實是很開心的。我想說的是，原來用遊戲治療的方法應用在學生的學習，以及和小孩的相處上，你會得到更加多。

由今天開始，不論是爸爸媽媽、老師，我們都不說「倒米」的說話，這些說話有一些威脅的成分，說完之後，不但幫不到他解決那件事情，反而會破壞雙方關係。有時我自己在學校工作，開會的時候，同事和同事之間都有一些「倒米」的說話，不知道大家有沒有聽過，一個這樣說，另一個又再這樣說，威脅的說話又開始出現，甚至升溫，有些更加難聽的說話出現。其實我能看到大家都因為想學生好而堅持己見，但我覺得很無謂，花了很多力氣去令大家聽

自己的說話，但原來很多東西都不需要聽，聽了會不舒服的。所以我希望能夠透過遊戲治療的一些技巧，實踐給我的老師看，作為校長我都不說「倒米」的說話。同時，我亦明白同事的辛苦，很多時候我們的決策都是要以學校的發展和利益為先、學生的整體利益為先，你說老師的個人利益，真的不好意思，可能要放在最後。我經常覺得這些我也會考慮，不過我會有優次，讓同事感覺到我們去營運一所學校，有時候我們的對象是學生，但是當我們去計劃的時候，我們希望去用一個以人為本的角度去看一件事情，去做一個平衡。

說起遊戲治療，其實我的焦點是放在小朋友身上，不是放在問題上。可能你一眼看到他從這裏跳到那裏，跳來跳去，你即時想到很多問題，例如他會摔傷、他會把牀踩爛，可能你會再想「我一直說他都不聽」，再想到「他之後變壞怎麼辦呢？」當時我和我兩個女兒說：「你好開心，好像在跳彈牀一樣，但牀不是用來跳的，如果你想跳的話，爸爸和你一起在地上跳。」說完我就一隻手抓住小女兒的手，另一隻手抓住大女兒的手，把她們扶到地上，三個在地上圍着跳，很開心。

我想帶出一個甚麼訊息給大家？有時候，我們說接納小朋友，所說的可能是小朋友的一些問題，我們眼裏看到很多問題，但你的目標不是制止他的行為，除了要去感受他的感受之外，更要用一些適當的方式去表達，這更能令小朋友建立一個自律的精神。你每一次去制止他，他之後學到

了甚麼？我下次再做一些更壞的事，而且不讓你知道。這就正正是我剛才所說：在你面前表現得乖巧，在你背後就有很多其他事情出現，你是預計不到的，當你發現的時候可能已經太遲了。

我們究竟想要發展學生的甚麼能力呢？我認為整個遊戲治療就給予我們一種技巧去培養學生的控制能力，這個控制能力是自我控制。所以，我經常覺得我們一直是在訓練學生的「自律精神」，不是「他律精神」。我們做一個很「魔鬼」的教練、很兇惡的老師，其實是在不斷運用他律，在懲罰他很多事情。你懲罰他的時候，他不單止不接受，還會生你的氣。

譚：但在用他律的時候，好像又能很快看到效果。

黃：沒錯，那個效果是很快。可能你大喝一聲，或者你罰得很重，一般的後果就是被你罰的那個學生可能會有些害怕你，但當他長大之後，他的力量漸漸地比你大，他不怕你的話，可能你就要提升你的力量。很多時候，可能最初只是責罵，慢慢可能變成了打，再後來可能變成了虐兒。當然我們老師不可以體罰學生，但整個關係就會被破壞，以及你會發現這個不是教學生的方法。我們經常說「自律精神」，做教育界的每年都寫週年計劃、關注事項，總會有一兩年是寫「自律精神」，我們做很多活動和課程，去令學生提升他的自律精神，我自己會評估成效究竟是否那麼大 —— 那個學生是否會因為你舉辦了這個學校講座，或者

是這個活動就有自律精神呢？我覺得不是的。你想學生有自律精神，一定是老師個別去和他的學生慢慢經營的這個關係。

其實我們在遊戲治療的過程裏培育學生成長，說了這麼久，究竟他們能得到甚麼呢？為甚麼我會這麼想將這個技巧分享給我的老師，分享給家長呢？首先學生可以接納自己，他們的自我控制能力強、自我指導能力強，就能用很多自己的方法去面對他們的問題，亦懂得怎樣去作出好的決定，和發展一些自我的內在評價，更加了解自己的能力，以及更加尊重自己、信任自己、欣賞自己和他人，這些是不是正正就是我們在教育上，最想學生成長時學到的東西呢？有時我們在學校裏面做回顧，因為課程太趕，老師就覺得我哪有時間去處理一個班別三十多人，你還要我個別地去回應他們的感受，的確是困難的。我們真的在追趕進度，但與此同時我們也想想，我們放手，退後一步，可能我們少說一些，多聽一些，學生會學得更加好。

我們在遊戲治療裏放大學生那些做得好的地方。有時候回想，我小時候讀書時是不是真的每一科都做得好呢？每一科都厲害呢？

譚：我剛才一邊聽黃校長分享自己大女兒的老師用的方法的時候，我覺得你好像在說我以前，所以我也為以前的自己申訴一下。其實我不覺得自己不疼愛學生，我是真心愛學生的，只不過我當時認為所用的是我唯一的方法，正在做的

時候就發現，自己年復一年地在一個惡性循環裏維持，慢慢地，我開始相信命運，即是在制度下就是這樣的，難道有選擇嗎？你沒看見有些學生，他讀書比別人好，現在在做醫生，做律師，做會計師，多厲害。但是撫心自問，還有餘下的一羣呢，那羣又怎麼辦呢？

我自己在做這個行業的時候有一個格言，就是「以嚇為先」，一直都是嚇那些學生。我們自己小時候，老師或者我們的父母或多或少都會嚇我們。「你的功課做得那麼差，看看老師明天會不會罰你留堂。」默書不及格的時候，「回去給媽媽簽名，看你媽媽會怎麼對你」；「升不到 band 1（第一派位組別）中學？認識了一些壞學生？那你這輩子就完了」。我們一直在嚇他們，我們的學生，或者我自己都是在這樣的環境中成長的時候，似乎我們一直都是在一個固有的制度、文化、模式裏不斷地重複又重複，代代相傳。所以剛才一邊聽你說的時候，我自己很有感受。

而另一樣東西就是說，我自己學校裏都開始有些東西要變。我想現在應該所有學校的其中兩個關注事項通常都是正向教育和自主學習這些。但問題就是，為何做了這麼多年，香港學生的自主學習總是好像做得不太好，總是很被動；同樣地，當我這幾年更加有機會在我們協會裏面一起去服事的時候，我自己的感覺就是：為何我們經常說學壞是容易的，學好卻是難的？為何學壞是容易的呢？細心想想，學壞的人在那個過程裏，他是一個遊戲的狀態，無論他學壞甚麼都好，在那個時間裏他是一種遊戲的狀態，所

以他學得很快。但相反，我們學校的教育制度，或者家庭裏面的教導當中，很多時候是用「我為他好」、用嚇的方法的時候，可能出現了一個問題，他們在這樣的狀態下，反而沒有那種學習的動力。

剛才周博士或是黃校長一直說的時候，我都會見到小朋友在玩耍的過程是容易快樂的，而小朋友在快樂當中會汲取到繼續學習的動力。我不知道大家是否都喜歡玩電子遊戲機呢？你們問問自己，在玩電子遊戲機的時候專不專注？認不認真？投不投入？會不會害怕困難？就算你真的無論如何也打不贏「老大」，你一定會自己找辦法，找一些攻略，甚至上網看 YouTube、直播，找到方法通關。這份動力為何不能在教室發生？當我開始想的時候，其實我們在學校裏是否可以把傳統的教學模式變成一種較為「遊戲」的氛圍？遊戲有一個特點，我認為遊戲是安全的，即使他們輸了也有機會重來，但似乎我們現有的考試文化中沒有甚麼機會，年級越高越沒甚麼機會。所以小朋友很害怕出錯，就像你大女兒說的「不做不錯」。

黃：對，不做就不錯。

譚：我們如何能夠在這種氛圍下讓學生一直成長，變得更加主動自學？其實我們能看到的，幼稚園的學生在台上唱歌跳舞是完全沒問題的。但你試試叫五、六年級的學生和我們一起在禮堂唱詩，高年級的學生是不會發出聲音的，給面子的會對一下嘴形。為甚麼年紀越大越不主動？因為他們

怕出錯。如果他們在一個遊戲的氛圍當中，我們就能建立一個安全的環境讓他們願意去選擇，所以玩是很重要的。當然我們在現有的空間裏可以給予選擇的機會不多，但在只有四面牆的教室裏，我們每一個老師總可以有多一些空間讓學生選擇。

有些東西我們可以變，但能變到多少呢？我認為很關鍵的是，今天我們也問問自己，或者在座的工作人員，你們讀書時喜歡香港的教育制度嗎？大家都在搖頭。但我們作為父母，作為老師，尤其是我們作為老師，如果我們過去都不喜歡香港的教育制度、考試文化，請問今天我們正在做甚麼呢？我們將自己成長時都不喜歡的東西塞給我們的學生去「供奉」這個考試制度。當然，我曾經也和自己說過，沒辦法，現實是這樣的。但真的不能改變嗎？我覺得今天我們三個走到一起，其實我們協會裏還有很多有心人嘗試走到一起，看看我們在有限的空間裏能做到多少東西，而讓學生能有一個和我們成長時有些不同的環境，關鍵就是由今天開始，由我們一羣老師、父母做起。

黃：贊成。

從寫作開始培養學生
全方位發展

謝振強總幹事

曾擔任小學校長三十年，見證香港教育政策的轉變和社會變遷。退休後並沒有浪費積累的寶貴經驗，先後出任了聖公宗（香港）小學監理委員會總幹事及專業顧問，為聖公會四十九間學校服務，繼續發光發熱。2016 年書展期間，出版了一本自傳《校長爺爺：「拼」出教育路》，自此多了個美號叫「校長爺爺」。

今天很多在場的老師和校長都明白甚麼是「全方位學習」，但是我們也要照顧一下在場的小朋友，所以我也簡單講述一下。大家可以想像一個五角星，「學生學習」就是正中心，最頂端的是「價值觀教育」，接着兩側是「智能發展」和「體藝發展」，下方是「社會服務」和「與工作有關的經驗」，所有東西加起來便是「全方位學習」，也可以稱之為「全方位發展」。

不如我們把今日的主題調動一下，把「開始」放在最前，變成「開始從寫作培養學生全方位發展」。寫作這件事已經歷史悠久，但是以前的寫作未必能切合我們的主題，所以今天希望大家重新開始——從寫作開始，去培養學生全方位發展。

「烽火連三月，家書抵萬金。」這是杜甫寫的一首詩的其中兩句。小朋友可能不太明白，「烽火連三月」即是打了三個月的仗；「家書抵萬金」，家裏的人不知道上戰場的家人怎麼樣，如果此時能收到他們一封書信報平安，內心就會安樂。「烽火連三月」，我們現在打開電視也能看到，俄羅斯和烏克蘭正在打仗，詩句與現實十分相似。「家書抵萬金」，烏克蘭的男丁會留在烏克蘭，讓婦孺逃到外面，保障自己的安全。但這時他們會否寫信呢？我估計不會。大家在電視能看到那邊的情況，那些房屋十室九空，所有人都離開了。所有人都逃離到哪裏去呢？他們去到一個比較熟悉的地方，就在烏克蘭東部的鋼鐵廠裏，士兵和平民都在那裏躲藏。那裏有六層樓高，所以如果你寄信到那裏，除非真的找到他們，否則寄到家中，他們是沒辦法收到的。

還記得我剛開始教書時，當時香港比較落後，很多人家裏沒有電話，只有在公司或工廠才有。我打開點名簿看看小朋友的電話，一個班別共四十多人，只有三四個人是有電話的。可能當時我任教的學校，較多學生來自基層，和現在相比完全不一樣。現在單單以一個家庭為例，幾個成員加起來都不止三四部電話了。因此，當時學校十分着重寫信。我剛學會寫字的時候，家人都會叫我寫信給爺爺或叔叔，這樣可以讓自己有機會學習和運用。但現在家人還會叫你這樣做嗎？通常不會，改為打電話、用通訊軟件問候一下就可以了。因此，家書的確沒有以前那麼重要。

在我剛開始教書的時候，學校有一個科目名為「尺牘」，每星期有一節課用來教小朋友寫信。現在寫作已經沒有市場，

我們是否還要討論寫作呢？首先，寫作是仍有市場的。教育局的指引中清楚列明，特別是現時因為疫情的緣故，學校收到很多類似這樣的指引。然而，有些校長告訴我，認為那些指引很難理解，特別是有關懷孕老師上學的部分，完全看不明白。所以，如果我們寫作寫得不好，就會導致這個情況出現。學校收到教育局的指引之後，亦要出通告給小朋友，於是便有了學校通告。我們現時在家有空餘時間的話，會「煲劇（看劇）」，那些劇本也要有人去寫；我們聽別人唱歌，那些歌詞也要有人去寫，所以寫作是有市場的。

如果要撰寫新聞稿，那麼記者也要學寫作。撰寫新聞稿的時候通常有幾個元素：第一個是時間（When）、第二個是在哪裏發生（Where）、第三個是由誰發生（Who）、第四個是發生了甚麼事情（What）。這四個「W」，記者撰寫新聞稿時需要，我們寫記敘文時也需要。另外，很多時候校長會寫家書給家長，這些都是寫作。所以，寫作到現時還是有市場的。

老師在作文課中教導多少學生？除了作文之外，其他科目又如何上課呢？教育是一份良心工作，我們都希望教育工作者本着良心教好下一代。作文是一個「各師各法」的科目，如果老師是有辦法的，就會教得好一些；沒辦法的，就要靠學生自己領悟，豐儉由人。如果老師教得好，學生的作文會充滿亮點，老師批改的時候會很開心，否則每個學生寫的都是千篇一律，就會變得很沉悶了。

我曾在《春雨》擔任過一段很長時間的主編，看過一篇學

生的作品，題目是〈我最愛上的一堂課〉。那個學生說：「我最喜歡作文課，因為我很喜歡幻想，我會把我的幻想轉化成為文字，然後再寫成故事。記得有一次老師給了我一個題目——〈一次奇異的歷程〉……」然後他一直寫，完成作文後，他獲得老師的稱讚，就因為老師稱讚他，從此他愛上了作文課。因此，我相信老師對學生學習寫作而言，「讚賞和鼓勵」是十分重要的。

現在的老師和我讀書時候的老師並不一樣。現在的老師教導作文，很多時候都嘔心瀝血，用他們的方法令學生對作文產生歸屬感。我曾經和一位老師談論過，他說：「我每次都會把學生的作品打印出來『貼堂』，好或不好都會貼，讓同學看看。如果看文章的同學喜歡這篇，就給它一顆星或一個印章，這樣一來，文章被『貼堂』的學生開心，看文章的學生也開心，因為他們可以自己進行評價。」可見現在的老師是用盡百般武藝的。

我用一個笑話作為我這次分享的總結。有個老師出題——〈假如我是特首〉，老師出題之後，那些小朋友很快開始寫作，但其中有一個小朋友一直東張西望，甚麼也不做。老師就走過去，問：「小超，你為甚麼不寫作文？」「我在等待。」「等甚麼？」「我在等待。我是特首，不用自己寫。我在等待特首辦的主任替我完成。」

多謝各位。

小學寫作教學的難點與突破

湯芷琪主任（下稱：湯）
聖公會青衣主恩小學老師

滿子玲老師（下稱：滿）
聖公會青衣主恩小學老師

陳梓君老師（下稱：陳）
聖公會青衣主恩小學老師

湯：大家好，我是聖公會青衣主恩小學湯芷琪主任。我過去在
　　聖公會青衣主恩小學擔任中文科科主任，現在是中文科的
　　顧問。在我身邊的是現任聖公會青衣主恩小學的中文科科
　　主任 —— 滿子玲老師，另一邊這位是陳梓君老師，也是我
　　們的中文科科主任。

　　其實寫作不是一個獨立的學習項目，寫作和我們的讀文教
　　學、聆聽教學，以及說話教學有相互的關係。為了全面
　　提升學生各項的語文學習成果，我們做了一個較大規模的
　　改革，包括發展我們學校的校本讀文教材。在寫作的教材
　　上，我們會找一些貼近學生生活的選題，也會引導學生去
　　觀察，讓學生有題材去寫。最後，為了提升學生的表達能

力，我們會設計相關的延伸課業及活動，讓學生發展各式各樣的語文能力。

我們學校於 2009 年開始參加香港教育大學「香港小學中國語文教育夥伴協作計劃」，跟隨何文勝博士學習以「能力為本，文道合一」的課程架構，去設計語文課程，課程以能力組織單元。為何要有一個如此大的改革呢？以往我們做過很多課程微調，因為課文不是按語文能力順序編排，於是讓學生帶下冊課本回校，學習一些他現在應該能掌握的較淺的能力。但最後我們發現，原來最淺的能力並不在這個年級的課本內，可能要過兩年後，到五年級或六年級的課本才會有該能力。

為了讓學生學習得更有系統、更有效率，於是我們重整了課程架構，找出究竟學生要學習甚麼能力，將教學序列由淺入深地排列。而且，我們的單元設計包括精（精讀）、導（導讀）、自（自讀）三個課型，是一個由「扶」到「放」的過程。精讀是由老師教導學生能力，導讀是由老師輔助學生去學習能力，自讀是考核學生是否學習到該能力，保證學生能在每個單元知道正在學習甚麼，再用他學習到的能力去學習一個新的單元。

以第一冊課本的單元編排為例，我們總共有四冊，每一冊有四個單元，一共有十六個單元。課程的編排着重語文能力的工具性及人文性，以「工具性為先，人文性為後」的理念去編寫學習單元。學生全年至少會學習四十八篇文章，

而且我們並不需要刪減課文，因為學生是先學習能力，然後再運用能力，因此每一個單元都能穩固地學習。

剛才說到寫作和讀文教學、說話教學、聆聽教學都有相互的關係，在低年級的語文課程中包含了一些寫作訓練，因為小朋友要從字詞、句子、段落過渡到篇章，對於他們來說是一個很難、很艱辛的過程，所以我們就要找一些小朋友能夠完成的學習活動去幫他們構建這些能力。例如我們為低年級設計的教材中，有一種手法叫「以說帶寫」，讓小朋友學習如何觀察圖畫，組織說話內容，幫助他們有系統地表達出來，再過渡到寫一篇完整的文章。至於高年級方面，高年級同學相對擁有較穩固的閱讀能力。讀文教材除了學習語文知識外，亦是他們寫作的典範，我們在教授篇章時，會教導學生學習文體知識、文章結構、寫作方法等等，讓學生在讀文的教學中通過閱讀發展寫作能力。

以下時間我就交給我的團隊去介紹以下的內容。

陳：剛才有提及到我們的課程其實很強調「能力為本」，在這個理論基礎上，我們設計了校本寫作課程。我會先介紹一下我們的寫作系統。我們的教科書有一個非常完整的縱向銜接，包括單元和單元之間的連繫。以說明文為例，我們會先教授文體的特點，例如「總分總」結構，再進入說明手法。同時，我們也十分重視年級和年級之間的銜接，以記敍手法為例，小朋友在二年級開始接觸順敍法的文章，三年級就順敍加上倒敍，到了四年級再加上插敍，你會看見

其實是環環相扣、一層一層地遞進的，整個學習系統都是由淺入深、由易到難的。

接下來，我會讓大家看一看我們的寫作教學安排。一年級我們會以字、詞、句去開展教學，到了下學期，小朋友會開始認識段落，並開始寫小段，來幫助他們銜接之後的寫作教學。到二、三年級的時候，我們會先從看圖寫作入手，利用圖片輔助他們完成一篇完整的文章。這些步驟，除了剛才湯主任提及的「以說帶寫」外，我們亦希望透過圖片去訓練他們的觀察能力，培養他們的觀察習慣。到了這個階段，小朋友已經開始學習命題寫作，我們會給予他們一些生活化的題材。在這個階段，所學習的記敘文可能是從記人到記事，慢慢地學習。到了四年級，他們會開始學習記遊等類型的文體，小朋友掌握了一定的寫作能力後，我們會開展說明文和議論文的教學，由淺入深地帶領他們。除了上述文體外，我們也會給予他們一些情景寫作、閱讀報告等訓練，去培養他們多方面的能力。在整個寫作系統裏，我們亦不會忽視實用文的培訓，會將其穿插在不同年級中。

在具體的寫作步驟方面，為了可以增強學生的寫作能力，我們設計了「寫作歷程檔案」，期望小朋友能在老師的帶領下按部就班地完成創作。我們會強調語文知識的輸入，因為我們認為充分的輸入是在幫助小朋友突破前面提到過的寫作難點，例如他們缺乏寫作素材、表達得不好，又或是欠缺興趣。在整個歷程檔案中，我們會抽取一些學習重點

給小朋友寫小段，再進行反覆修正，最後亦會強調「自我檢視」。

說了這麼多，在完善寫作的教學步驟後，為了令整個教學更具體，更加落實地為學生帶來幫助，我們設計了一個校本寫作評分表，參考了考評局的評分準則，它的評語亦相對具體及清晰，老師使用評核表評估小朋友的寫作能力的時候，能評估得更加客觀，更加統一。對學生而言，這個寫作評分表則更為重要，因為小朋友能透過一個圖表就清楚知道自己哪一方面稍遜，哪一方面能力已達到老師的要求，就能針對自己的弱項加強訓練，從而促進學習。

本科亦有一些學習活動，小朋友會透過做湯圓這種具體動手做的寫作活動，去學習多感官的觀察、如何細寫步驟等。接下來我會把時間交給滿老師去分享一下我們的校本延伸課業及中文活動。

滿：大家好，我是滿子玲老師。剛剛湯主任和陳梓君老師在校本教材層面、校本寫作課程和寫作活動層面分享我們如何幫助學生提升寫作能力。接下來，我會從校本延伸課業層面向大家分享。

首先，我們的第一個校本延伸課業是「自由寫」，這個課業其實很簡單，就是一個主題和很多橫線，讓學生寫自己累積到的相關內容。雖然簡單，但在主題的設定上，老師依然花費了不少工夫。我們根據學生的能力發展，在每個

學習階段為每一級的學生設定不同的主題，讓學生累積詞彙，希望透過這個課業豐富他們的詞彙量，並提升他們的表達能力。

我們設定主題時有幾個原則，第一是和課文相關，第二是希望課業貼近學生的生活，以及他們的興趣。例如其中一份課業的主題是玩具，我們知道學生，尤其小學生，有各種各樣的玩具，但其實不同的玩具有不同的特點，既然有不同的特點，就可以用不同的詞語去形容它、描述它。因此老師就安排了這份課業，讓學生在家中留意自己有甚麼玩具，或是搜集相關的玩具的資料，再搭配相應的詞語。

而第二份則關於擬聲詞。同學在讀文的學習過程當中有一個單元涉及到大量擬聲詞，於是老師就抽取其為「自由寫」的主題。在這個主題中，學生可以在老師的帶領下，發現我們的生活中不同的聲音，而這些聲音都是用不同的擬聲詞去搭配的。透過這些主題的資料搜集，學生能在搜集的過程當中對主題的認識加深，亦可累積很多相關詞彙。

第二個校本延伸課業是「學習冊」。這個課業的設計其中有一部分亦是幫助學生去累積佳詞佳句，但又有所不同，有一部分是和高階思維有關，同學運用這些高階思維去總結課文，我們希望藉此提升他們的分析能力、觀察能力、賞析能力及創造性思維能力。在總結課文的同時，我們當然期望學生不僅僅是累積字詞、句子，亦希望學生通過總結的過程可以累積一些寫作的構思和技巧。

接下來介紹一下我們課業的內容。第一個是自由配詞，詞根來自課文，我們抽取兩個詞語作為詞根，學生基於詞根去搭配、延伸、擴充他的詞彙量。我們對不同能力的學生有不同的要求，有能力的同學需要搜集多一些成語、四字詞語，希望他們透過累積去擴闊詞彙量。第二個和應用有關，就是自由造句。同學可以在我們學習的這個單元的三篇文章中，選擇一些有興趣的詞語去創作。當然，在這個過程中，有些同學會選擇最簡單的詞語進行寫作，那麼老師亦會給予一些建議，例如這個單元中有些詞語是很值得我們學習的，而且在生活當中亦能用上，老師就會推薦那些詞語給他去嘗試造句。第三是佳句摘錄。要學生寫好的東西，首先要學會欣賞，要懂得分辨何謂好的句子，何為較平實的句子。當他懂得欣賞，到他自己要表達時就會對自己也有要求了，他會知道要寫出來的句子怎樣才是比較好的，我的表達要怎樣才可以做得更加好，因此我們有這個部分。

第三個校本延伸課業是「隨筆」。我相信很多學校都有這個課業，我們學校關於「隨筆」的側重點是希望學生在寫的時候並不是像寫恆常的文章一樣，我們期望他們能寫得自由一些，開心一些。例如有一篇是關於外星人的，因為那段時間大家在網絡上討論關於外星人的話題，老師就抓住這個話題，「不如我們也寫一篇和外星人有關的文章吧！」於是就設立這個主題，同學就根據自己的想像，你想介紹甚麼就寫甚麼，彈性很大，相對恆常的文章更自由一些。

除了校本的延伸圖書外，我們的延伸閱讀分享平台 Padlet 亦鼓勵同學分享他在家中喜歡看的圖書。例如剛剛過去的假期，我們亦特地在假期開設一個電子分享平台，分享他自己在家中閱讀的圖書，同學都十分積極。分享之餘，老師亦很認真，會在上面給他一些評語、一些鼓勵，同時亦開放評語功能，讓同學可以在上面給予同學鼓勵，希望能透過這個平台令同學之間互相鼓勵，促使大家互相影響，在互相分享的過程中能認識更多的圖書，閱讀更多的圖書。

以上就是我們和大家分享有關我校的校本讀文教材、校本寫作教材、校本寫作活動，還有我們的延伸課業和各項中文活動是怎樣去幫助提升學生的寫作能力，也希望我們今天的分享對大家有幫助，謝謝。

學校價值觀教育面面觀

蔡若蓮博士
時任香港特別行政區政府教育局副局長、現任教育局局長

　　說起價值觀教育，我常常聽到有人說我們不重視價值觀教育，但事實是：政府每年投資過千億在教育上，目的是要培育德才兼備，愛國愛家的新一代。

　　香港的教育一直提倡五育並行，全面發展德、智、體、羣、美，培養學生成為有質素的新一代。德是五育之首，這是明確的教育目標，而培育學生正確的價值觀和正面積極的態度，關鍵在教師。我知道大家選擇成為教師，不單是為了傳授知識，更希望栽培德才兼備的年青人。我最近探訪了一些資深的前輩，其中一位說他最開心的是以前的學生在他退休多年後，依然會探望他。雖然，有些學生已不記得他教過甚麼，但卻感激老師教他們成為一個好人。因此，教育工作的意義，不在於薪酬待遇，亦不在於卓越的成就，而在於我們對生命產生甚麼影響。

　　在香港學校課程框架中，各個學習階段，包括中文、英文、數學、常識、藝術、體育等學習領域，都有價值觀教

育的元素，終極目標是培養學生正確的價值觀和正面積極的態度。

以體育教育為例，我們究竟是為了勝出體育比賽，還是為了讓同學有一個共同學習經歷，在比賽中成長呢？選拔學生代表學校參加比賽時，應該用甚麼準則呢？我們要選最頂尖的學生爭取獎牌，還是給予不同能力的學生都有經歷和成長的機會？這就是價值觀教育的體現。價值觀教育是全人發展的一個重要元素，除了在學科外，不同的學習活動和生活範疇，都可以培養學生正確的價值觀和積極的態度，從而作出合理的判斷、負責任的抉擇和合宜的行為。

記得有一次到內地觀課，當中有一節課是老師教導學生寫作。他以一個故事開頭，然後讓學生寫結尾。那個故事是這樣的：有一天，主人帶狗去公園，然後把這隻狗放在公園，自己就回家了，不久後那隻狗就自己回家了。第二天，主人將這隻狗帶去再遠一點的地方，然後將牠放下，自己又回家了。那隻狗不用多久又自己回家了。第三次，主人駕車時將那隻狗放在車尾箱，然後有多遠開多遠。當他打開車尾箱時，看到這隻狗咬斷自己的舌頭，死了。在情感引導中，老師想和學生說，這隻狗無論如何都對主人忠心耿耿，亦很愛主人。但突然有學生舉手，他說：「老師，我們不應該歌頌傷害自己生命，就算是一隻狗，牠都應該愛惜自己的生命。」其實，不論在各個學科，小朋友也會有這種反思，亦提醒老師選擇一些例子或者教材時，都要以正面、積極的價值觀和態度作為學習材料。價值觀的建立是潛移默化，植根在我們潛意識，並非一朝一夕之事。

在生命的一刹那，電光火石之間的一些決定，正正是我們在潛意識中建立的價值觀保護了我們。

2001年課程改革之前，我們有公民教育指引、德育教育指引、性教育指引、環境教育指引，而不同學習階段的課程指引，全都與價值觀教育有關。隨着社會和科技的發展，除了剛才說的這些價值觀教育跨課程範疇之外，我們加入了媒體和資訊素養教育，因為虛擬世界在不知不覺間已成為了我們學生生活的重要部分。除了以前的網絡欺凌、假消息之外，還為我們青年人的生活帶來許多衝擊。

我們看到價值觀教育的內涵越來越廣泛，究竟價值觀教育涵蓋多少個跨課程範疇？2017年起，我們整合了品德及倫理教育、公民教育、國民教育（包括《憲法》、《基本法》及國家安全教育）、健康生活教育（包括禁毒教育、抗拒接觸有害身體物質及促進身心健康）、生命教育、性教育、媒體和資訊素養教育、可持續發展教育、法律框架下的人權教育等不同跨課程範疇，並以「價值觀教育」作為綜合統稱。這些跨課程範疇緊密連繫，香港中小學透過課堂內外的學習，包括各個科目、服務與實踐、全方位學習活動及全校氛圍營造，融入相關的學習情境和內容，幫助學生建立及實踐正確的價值觀和正面積極的生活態度。

2021年發佈的《價值觀教育課程架構（試行版）》進一步提出應以全面和綜合的模式推動價值觀教育，以整合各跨課程範疇的學習，亦強調應以中華文化作為價值觀教育的主軸，培養學生良好品德，懂得關心社會、國家和世界，認同國民身份並

珍視中華文化，對社會和國家具責任感和承擔精神；並就各學習階段學生的特質和成長需要，臚列對他們的學習期望建議，供學校參考。

我們需要通過學校落實價值觀教育。香港教育最大的特色，是我們有很多熱心的辦學團體，包括商界、同鄉會、儒釋道三家，以及天主教、基督教、伊斯蘭教等不同的宗教團體。大家辦學的目標、理念，有相同之處，也有相異之處。究竟我們需要培養學生哪些正確價值觀和態度？於是，我們向學校提出一系列首要培育學生的價值觀和態度，作為學校推動價值觀教育的方向。我們建議學校考慮他們的辦學宗旨、理念、使命、學校特色、校情、宗教背景、學生成長需要等，將校本提倡的價值觀和態度，與首要價值觀和態度結合起來，整全規劃和豐富不同年級的價值觀教育課程，為學生提供全面和多元化的學習經歷。

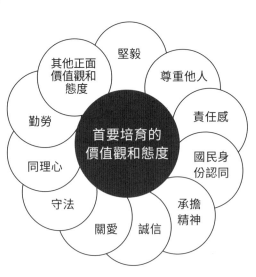

那麼，是否告訴學生甚麼是堅毅和勤勞，學生就可以做到？當然不是，價值觀教育最大的特點，或最大的難點就是，不是你說了他就懂，不是懂了他就會做，不是做了他就做得對。學校的價值觀教育課程應強調知行合一。

我想分享另外一堂課。老師先從閱讀教導學生甚麼是分享。文章內容是說：小明和小玲一起上畫畫課，小明忘記帶畫筆，於是他問小玲借畫筆，小玲不借給他。老師要引導的是——我們看到同學需要幫助，現在小玲有畫筆，而小明沒有，他向你借，你應該分享。當然，我們會讓學生思考，如果你是小明或小玲會怎樣？你覺得自己有甚麼不對？別人怎樣可以做得更好？在認知層面，當別人沒有的時候我們有，我們借給別人，這就是分享。(第二個教學環節) 老師拿了一大袋糖果，分給每組一堆糖果，同學都很開心。然後老師說：「今天有一位嘉賓來看我們上課，不如我們將這些糖果跟嘉賓分享，好嗎？」同學們都很乖巧，很快把桌上全部的糖果都拿來送給我。下課鐘響起後，我將那些糖果還給同學們。老師說：「大家可以分享了。」結果如何？當然，每位同學都情不自禁爭着伸手去拿那些糖果了。

我看完這節課，就想：這節教「分享」的價值是否成功？我最初認為小朋友並沒有學懂分享，真正可以分享糖果時，都搶着先拿。但後來我又想：價值觀教育正正是從「認知」開始。正如我們學過馬路一樣，大家都知道紅燈是不應該過馬路的，不過，當你發現路上沒有車、也沒有人，剛好你又趕時間，你就會想衝過去。大人都尚且面對這種誘惑，小朋友當然

也不例外。當我們對正確價值觀有了認知，就要經過實踐，尤其是關乎美德，一般都是知而不行。可見，小朋友學習價值觀，是需要經過認知、情感的認同，加上實踐，然後才能夠內化。直至當有一天在沒人看到，自己又很趕時間、很累，卻遇上紅燈時，依然會懂得停下來，不會衝過馬路，令自己和別人危險。

價值觀教育的目標，就是要做到這個程度。價值觀教育的實踐很重要，不能單靠一個學科、一位老師或者一個課時，就可以達到。

因此，無論是課堂的學習、課外的活動，還是學校的氛圍、校風的建立，以至校服和儀容規範，全都是價值觀教育。為甚麼不能染頭髮？為甚麼裙子不可以短一點？背後都有一套價值觀和理念。可見，價值觀教育不只局限在課堂教學，而是要結合日常生活、全方位學習，甚至讓同學參與社會服務，在每一個大大小小的實踐中，深化認知，從而產生情感的認同，學會關心別人和樂於助人。

再者，每間學校辦學的宗旨理念、老師的特色、學生的需要都不一樣，所以應按校本情況推行價值觀教育，才能做出特色。學校教育各個環節要互相配合、互相緊扣，加上家校合作，特別重要。如果家長不認同老師，告訴孩子老師教的都不重要，同學會感到混亂，這對價值觀教育有很大衝擊。事實上，價值觀教育是整個社會的工作，包括學生每天接觸的媒體，如電視、網絡、圖書等，亦包括家庭生活，以及日常接觸

到的人。不同持份者需要一起合作，為培育我們優質的下一代而共同努力。

我探訪學校時，看到有些幼稚園，讓小朋友在排洗或轉換活動場地時，邊走邊背誦《弟子規》、《三字經》。雖然，小朋友只是「唸口簧」，未必明白當中意思，但是，終有一天，他們會明白自己唸的是甚麼，在人生某時某刻，產生作用。

另外，通過人物傳記，認識一些對國家有貢獻、值得尊敬的人，例如廉頗、岳飛、孫中山等人物的故事，有助學生認識偉大人物面對不同情境的價值判斷和抉擇，了解他們如何做決定，潛移默化，受他們的人格薰陶。此外，中文科閱讀篇章中，有表達熱愛國家、熱愛家庭的篇章；宗教科有很多的道理和故事，這些都以全方位、多重進路的方式，幫助學生從不同角度，在學習經歷中，掌握正確的價值觀。

價值觀教育最難的是甚麼？沒有立竿見影的效果，學校老師教了，同學理解了，但大家都看不到即時成果，有時甚至要等到小朋友長大成人後，遇到是非抉擇時，也許小學老師曾教他「做人要誠實」，在面對人生交叉點時，兒時老師的教誨可能成為指路明燈。

我認為：價值觀教育的美麗，在於對生命的影響；但價值觀教育的學習成果，無法通過傳統的測考方式評估呈現，只能觀察學生的學習態度、參與活動時的行為表現、朋輩之間的相處，才能掌握大概。

價值觀建立，要通過不斷實踐、反思和鞏固，當我們看到學生有些微的進步時，就要趕快捕捉、肯定，同時，讓學生看到自己的進步，建立信心。實際上，價值觀教育的成果雖難捕捉，但是每天都在我們的生活中發揮作用。

未來，價值觀教育仍面對很多挑戰。香港是一個中西文化交匯的地方，很多美德和價值觀，都與傳統中華文化密切相關。孝悌忠信、仁義禮智是很重要的價值觀，在我們的文化裏根深蒂固，源遠流長。歷史上的英雄人物，在生死關頭，仍不忘天下蒼生，選擇捨生取義，用生命守護道德人格。

「勤勞」是其中一個學校首要培育的價值觀和態度。香港的小朋友很多都是由外傭照顧長大，不需分擔家務。有些學校也沒有了值日生，免學生受傷。於是，同學缺乏生活過程，沒有生活常識，不尊重勞動的價值。我經常聽到，學生不知道西瓜的皮是綠色的、香蕉不用洗，自理能力非常有限。我亦曾聽過有家長對小朋友說：「不要浪費時間做這些家務，做好功課更重要」，因此，小朋友會覺得做家務沒有價值，別人代勞是理所當然的，這是一種扭曲的價值觀。「事非經過不知難」，很多價值觀只有經過實踐才能夠內化，提升人的素質，經歷困難，才會懂得珍惜。只有在實踐的過程，經過掙扎、反思及糾正偏差，才能鞏固價值觀的建立。

當然，隨着大灣區的發展，香港回歸祖國二十五年，我們希望有更多愛國愛港的人才治港等，所以我們需要加強學生的國家觀念。如果學生沒有國家觀念，對健全的身份建立是很大的缺失。

另外，最新的科技發展，AI無論力量、速度、智力都比人類優勝，令我們懷疑起自己的價值。因此，價值觀教育以中華文化作為主軸，涵蓋媒體和資訊素養，幫助學生建立正確的價值觀和態度，能夠理解、辨析、釐清和判斷所接收的資訊的真偽，作理性和負責任的決定和行為，對自己有信心。

　　在學校推動價值觀教育，關鍵的是老師。老師對學生的影響很大。老師的一言一行，學生都看在眼內，同學不單留意老師在課堂的言行，亦會看老師課外的行事為人。

　　感恩成長路上遇到很多好老師，成就今天的我。事實上，現今的社會，不同持份者對我們的教育有很多的期望和要求，加上價值觀教育是全天候、全方位的，需要整個社會參與，家庭的角色尤其重要。為支援學校推行價值觀教育，我們開發了很多教學資源，幫助老師在繁忙的工作中，能夠有優質的教學材料，引導學生建立正確的價值觀。

　　總結來說，「立德樹人」是教育最根本的任務，也是國家發展和進步的重要基石。另外，經濟合作暨發展組織指出：「我們不只是教學生知識，更要幫他們發展內在的一個指南針，讓他面對人生交叉點的時候，能夠作出正確的選擇，為自己的生命負責。」在成長的路上，我們遇到很多好榜樣，才能成全一個更好的自己。在此，我要向所有老師致敬，謝謝你們。我分享到這裏，謝謝！

學校價值教育的實施

—— 九龍真光中學

李伊瑩校長
九龍真光中學校長
九龍城區校長聯絡委員會主席

　　各位校長，各位老師，各位朋友，今天很開心和大家一起討論價值教育的問題。價值教育是細水長流的工夫，很難評估它的成效。有時候小孩子在不同的成長階段都會有不同的發展，作為教育工作者，我們需要抱持「信、望、愛」的信念，要有信心我們所做的對學生真的會有影響，希望憑着這個信念，讓我們一直堅持也不會氣餒。

　　九龍真光中學是一間基督教的學校，也是一間於1872年在廣州創立的學校，有兩種價值觀對我們學校影響非常大，第一種是基督教的核心價值，第二種是中華文化的核心價值。當然我們也會考慮教育局重視的價值觀，上半場蔡若蓮副局長也說了很多，其實很多地方都和我們學校所說的不謀而合，我們會加插這些內容成為學校的核心價值。而我們又發現，基督教裏的核心價值和中華文化的核心價值也有很多共通點，這些都會

成為我們的核心價值。待會我會和大家分享，我們所釐定的核心價值有哪些部分，和怎樣在學校裏推行。

我們有四種推行的方式，第一種是傳統文化校園氛圍，我們會集中給大家知道怎樣透過傳統文化和校園氛圍讓學校的核心價值熏陶同學；第二種是我們會透過課堂討論來引導學生深化思考，雖然現在價值教育沒有獨立成科，但是學校裏其實都有些類似的科目，包括宗教科或是我們的校本德育課程，名為「真光人課程」，為中一和中二的真光學生設計，其他學科裏也有加入價值教育內容；第三種是我們會透過多樣活動，讓學生去參與、體驗、體會和實踐核心價值；最後我們都希望學生能夠內化踐行，然後將他們所做的成果匯集展示。這些都是我們暫時在學校裏主要推動價值教育時所用的方式。

大家看到，我們的核心價值會有不同寫法，有些寫法我們從中華文化的角度切入，也就是說「智」、「仁」、「勇」等等，我們就將它們編入「達德」、「行道 / 宏道」、「精進」或「至善」的修身進程裏。這個是其中一種方式去表達我們所重視的價值觀。因為我們是一間英文學校，所以也要有英文的寫法，展示中英兼擅的特色。這就是我們的「CAPE of FRUIT」（Courage; Assiduity; Perseverance; Excellence; Forbearance; Respect; Unity; Integrity; Thanksgiving），簡單來說，我們的價值觀有四大導向，第一個是個人的修為，第二個是和人相處，第三個是做事的態度，最後是處世的態度。

事不宜遲，讓我立刻分享一下在傳統文化和校園氛圍方面

怎麼做。九龍真光中學是一間歷史悠久的學校，在1872年創校，今年（2022年）是我們150週年的校慶，就是說前人確實已經為我們奠定穩健的基礎。給大家看看，這首是我們的校歌。

中華我國，中華我國，獨立文明亞之東。
政成共和，民歌大同，學遍唐虞三代隆。
中華我國，中華我國，四萬兆民表雄風。
衛我邦家，同胞情重，普遍教育樂融融。

愛我真光，愛我真光，謝師長善誘維良。
發聾振聵，啟迪多方，恍登臨洙泗之堂。
愛我真光，愛我真光，天道由茲越發皇。
十字旗飄，萬古輝揚，能拯救失路亡羊。

勉哉同學，勉哉同學，暮暮朝朝同切蹉。
光陰易逝，日月如梭，催人歲月易蹉跎。
勉哉同學，勉哉同學，廿紀風潮急且多。
木蘭紅玉，巾幗英雄，匡時偉業在我曹。

這首校歌裏有很多中華文化的元素，也有很多品格素養的教導，告訴同學要肩付使命為社會，為國家付出，要珍惜光陰，要勤學，同時也要有愛人、愛神的心等等。校歌裏的意思挺明顯的，部分字詞都挺深奧，背後有很多典故，這就是深厚的文化底蘊。

真光書院在 1949 年搬到香港，建立九龍真光中學，歷史悠久，所以我們特別出版了本校的中英文歷史書《鶴洞・獅山》。「鶴洞」就是白鶴洞，「獅山」就是獅子山，指我們學校所在的地方。這本是我們「真光人課程」的教材，書裏有很多價值教育的元素，這些就是我們的文化特質。大家都知道，九龍真光的學生是穿長衫的，我們的校服已經是一種文化傳承，而我們也將它發揚光大，參加了賽馬會「傳・創」非遺教育計劃，讓學生學做長衫，當中也有探討文化蘊含的價值。

　　另外，我們製作一齣校慶的歷史話劇《萬里作雄行》，在 7 月公演。這個歷史話劇很珍貴，我們有幸訪問了一位九十八歲的校友，他當年在二次大戰時期入讀真光，我們希望將二次大戰時期真光那段漂泊的歷史重現，去展現真光的精神。這也是和歷史文化有關，透過這些其他學習經歷營造氛圍，學生在文化傳承中有所學習。

　　我們學校還有一些傳統項目，中一入學叫「開社」，中六畢業叫「級夕」，就是歡迎同學和歡送他們畢業，成為一個「永久社」，以後同學和學校之間保持聯繫。這些傳統文化持續很多年了，我們都有些特別的表演項目，裏面包含和滲透很多價值觀。中一「開社」會製作一齣音樂劇，而中六「級夕」會進行燈操和傳燈禮，因為「光」是我們學校校訓裏很重要的字眼，用光演變出很多活動，都是提醒同學要向光而行。這些文化意識不斷透過不同的學校傳統項目滲透出來。

　　接下來是課堂討論深化思考，我們覺得要對中學生談價值

教育，討論、思考特別重要。舉一個例子，我們特別在中文科推行「禮行真光」特色課程，「知情意行」，層層遞進。我們有四個大的進程，第一個叫「知禮」。其實禮是甚麼？十分抽象，知識性的東西看似容易，但是都不是容易的，要定義文化概念，其實都很有哲學性。第二個在課堂裏可以做的就是「論禮」，「論」是討論，因為我們覺得一定要有一個思考的過程。第三，我們希望他們心裏能「重禮」，第四是「行禮」。所以「知禮」、「論禮」、「重禮」、「行禮」就是整個「禮行真光」的教育進程。接着，我們思考禮的核心價值是甚麼？如果核心價值定義得不好，大家做的事情就沒有一致的方向，最後我們以「仁」、「約」、「和」、「敬」作為四個「禮」的主要核心價值。因為我們用中文科去帶動，所以用中華文化概念表達，可能下一年我們用英文科去帶動，到時候寫法又不一樣了。

接下來有一些特色教程，每一級都有不同的焦點，也就是循序漸進地將「禮」的意思呈現在課堂中。教學策略全部都是以傳統禮學經典附以現代生活的討論等等，做到知識的輸入，又有分析、反思，最後也有應用。我們有很多學習活動，在這裏舉幾個例子，例如中三要做一個專題研習，是針對飲食方面如何實踐「禮」，《禮行真光之飲食有禮》是學生的課業成果，學生先創作劇本及錄製廣播劇，還有舉辦演說比賽等等，這些都是一些挺好的做法。

除了中文科之外，我們在英文科也有一些針對價值教育的閱讀篇章，透過小組討論去探討大家怎樣看與價值觀有關的事情。課堂的時間能讓我們進行深化思考，我們很多課堂討

論的環節，都運用「8Q」提問：「What」（甚麼）、「Why」（為甚麼）、「How」（怎樣）、「If not」（如果不是），你說要勤勞，那如果不勤勞又會怎樣呢？「Why can't」（為甚麼不能），如果勤勞那麼好，那為甚麼那麼多人做不到，有甚麼困難呢？另外「勤勞」這個概念有沒有「Deviation」（異化）的問題呢？有沒有「Reflection」（自我反思），對別人有很大意義，但是對自己來說有甚麼意義？最後就是「Application」（實踐），如果我認同這個價值觀，有沒有具體踐行的方式？其實這八道題目貫穿在很多價值教育裏，我們用了提問的方式施行價值教育，所以學生有很多討論的空間，而我們都覺得這些討論在價值教育裏是很重要的。

接着就是「多樣活動、體驗參與」，對於價值教育來說，始終體驗式學習會更加好。舉個例子，我們學校有一個名為「德馨學藝」的中華文化基地，中一、中二、中三分別在普通話課學習書法、茶道、棋藝，不單能認識中華文化，還有價值教育滲透其中。我們有古箏樂團，同學透過樂聲陶冶性情，也是一種禮儀的學習。還有其他科目，例如在人文學科週以「戰爭與和平」為主題，當中包括「仁」、「和」的精神；地理科有「山海為一」環境教育計劃，培養同學仁民愛物的精神，這和中華文化所說的是同出一轍的。

最後我們要說的是「內化踐行、匯集成果」，身體力行實踐所學非常重要。例如在「禮行真光」的教育活動時，學生會寫賀卡、泡茶、敬茶給長輩，參與敬師活動；另外我們請同學參與「為鹽為光」自主服務學習計劃，幫助很多不同的人，或進行

義工服務。我們也特別籌劃了一些校本活動，請同學構思一些禮儀約章。他們對禮已有一定的認識，但是實際上如何古禮今用，我們就請學生自己寫，並輯錄在《真光禮儀手冊》裏。盼望這些活動都有一點拋磚引玉的作用，讓大家知道在真光是怎樣施行價值教育。

學校價值教育的實施

—— 聖公會聖雅各小學

張勇邦校長（下稱：張）
香港資助小學校長會名譽主席、曾任聖公會聖
雅各小學校長；香港教育大學學校協作及體驗
事務處，宗教教育與心靈教育中心專業顧問。

　　蔡若蓮副局長和李伊瑩校長都分享過了，珠玉在前，其實
我沒有甚麼要說的，但是希望可以和大家分享我們聖雅各小學
的一些實踐經驗。

　　聖雅各小學在建構價值教育的過程中，會參考我們學校本
身的一些文件。我們是基督教學校，我們的目標是以基督為榜
樣，培養學生的高尚情操，這就是在強調品德的培養。另外學
校的宗旨中有一句是說「幫助學生建立正確之價值觀與人生態
度」，這正正是副局長也提及過的，我們要令小朋友有正確的
價值觀或正面的人生態度；最後是說栽培他們「成為一個有責
任感、明辨是非的公民」，當然這裏的公民不單指香港，說的
是國際公民。從週年報告的字眼裏可見學校一直都很重視這些
價值。

再看看我們的信念，剛才副局長也有提到，學校本身要有信、望、愛的學習環境，這三樣東西很重要。辦學團體是本着基督教的價值辦學，基督教的價值有二十個那麼多，例如友愛、謙卑、感恩、良善等，這些成為我們學校組織價值教育時的總綱。但是不是所有字眼都可以用完？我覺得未必，我們可以整合一下。回看我們的校訓「非以役人，乃役於人」，「役」就是服務的意思。其實服務學習也是滲透在內，有服務的小朋友一定會勤勞。再看看我們還有甚麼基礎，我 1984 年加入聖雅各的時候，掛在牆上的膠牌寫着「品德高，學問好，身體健」的口號。無論學問多好，如果品德做得不好，我們教的小朋友甚至可能成為一個高智慧罪犯，所以品德應該放前面，這是前人的智慧，最後當然要有好的身體才能支撐我們。

　　學校教育，我自己覺得應該是一個鐵三角，當中家長是很重要的，家長和老師合作，才可以撐得起學校教育，給我們的學生培養正確的價值觀和態度。校長的準備，老師的培訓，家長的教育都不能少，然後才能推到去怎樣培養學生。

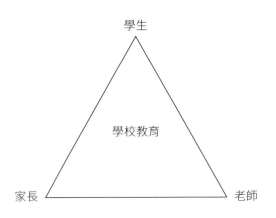

我們的焦點放在七個特質上，包括誠實、尊重、感恩、關愛、分享、承擔和寬恕。我們在小學六年裏，要包含這七個特質，內容很豐富。一年級小朋友一開始的時候，我們會幫他製作一個生命寶盒，把寶盒裝飾得很漂亮，把它形象化。每年有一個主題，當完成一個特質，老師就會把一顆有顏色的寶石給小朋友，例如當年的主題是關愛，完成後就有一顆關愛的寶石。最後六年級通常會完成兩個主題，也就是能獲得兩顆寶石，所以六年之後就能集齊七顆寶石。每年老師、父母還會寫一些贈言放在盒子裏。其實在一年級甚麼寶石都沒有的時候，我們就會帶小朋友去聖雅各堂，讓牧師親自做一個「生命成長祝福禮」，為小朋友進行祝福，然後送一枚貝殼給他們。貝殼背後是有一個特定意義的，因為雅各是一個漁夫，在這裏就不詳細說了，大家有興趣可以查閱聖經。

　　除此之外，也要有一些課堂的帶導。在中文課裏，我們自己出了一本《雅各雋言》，這些的雋言是輯自過去古哲先賢的一些名言，簡單到「三人行必有我師焉」、「擇其善者而從之」等，我們就是用這些先哲名言去教導學生，灌輸一些價值給他們。當然我們還透過不同的活動讓學生去實踐體驗，例如校訓說要服務，服務學習也有很多種，我們有小童軍、小女童軍、公益少年團，還有紅十字會等不同的團隊，小學來說可以做的都差不多做了。儘量讓同學多參與，通過服務學習關愛、服務他人，同時這些都是勤勞的表現來的，因為要犧牲自己休息時間去服務他人。我們也設立了很多「雅各大使」，例如有「康樂大使」在小息時指導低年級的同學用投籃機、足球機、桌上遊戲等，或是維持他們的秩序；也有五六年級的「成就大

使」，去教導一年級的同學做功課，讓他們有點成就感。不用找那些很厲害的同學，五六年級成績一般的同學教導一年級同學也綽綽有餘。四年級有個「小僕人差遣禮」，小僕人正正是不同服務團隊和「雅各大使」，他們都是為學校同學服務。我們請牧師來做一個差遣禮，認定他們這個身份，令他們的服務得到大家的認同。我們希望透過整體的佈局氛圍、實質的體驗活動，配合課堂學習、聯課活動等，形成整個生命教育計劃的學習元素。

每個學年最後有一個「生命小舞台」，我們請小朋友將他自己一些擅長的東西跟同學分享，可能是要踢拳道、空手道，彈奏樂器，或是表演藝術體操，只要是自己覺得引以為傲的專長，就可以向老師報名表演，希望透過「生命小舞台」展示同學在平時課堂裏未必可以看到的努力。我記得有個同學成績一般，但是打球很厲害，我們請了他回來打籃球，那天他在台上表演「插花」、「轉球」，引起同學一時的轟動。有些小朋友讀書厲害，有些擅長音樂，有些擅長藝術，有些擅長球類運動，要肯定他們本身的價值，同時推廣分享的文化，大家有好的東西不要藏起來，要跟同學一起分享；也讓他們感恩自己有導師、家長的悉心栽培，感恩自己的努力，才可以有這樣的表現。每年學期初我們都要同學確立目標，請他們寫下自己的目標，到學期末的時候，透過「生命小舞台」的活動，也請他們寫下一些回饋——究竟他們那年所訂立的目標有沒有達到，達到多少成，還是超標？這能令他們反思。

整個生命教育或透過生命教育推動價值教育，其實不單單是靠學校就能做到，我們很幸運，感恩我們有「三頭馬車」並駕齊驅，去推展生命教育，為甚麼這麼說？因為我們有「堂」、「校」和「社」去協助。「堂」是聖雅各堂，「校」是我們學校，「社」是社會服務方面，我們有聖雅各福羣會。很感恩在聖公會的學校，在聖雅各這個大家庭下，有聖雅各堂和聖雅各福羣會，有不同的持份者與我們同行，聯手去幫助我們推動生命及價值教育，多謝大家。

文化安全講座

—— 從王維、李白、杜甫三家詩看中華文化的
「根」與「魂」

招祥麒博士
陳樹渠紀念中學校長
香港直接資助學校議會副主席

　　中華文化源遠流長，累積深厚，其中有看得見的物質文化（如服飾、飲食、建築、生產工具⋯⋯），有看不見的精神文化（如語言、文學、哲學、宗教⋯⋯），有經歷長久而形成的制度文化（如婚姻制度、宗法制度、科舉制度、教育制度⋯⋯）。三者都是我們中華民族的根。但三者之中，貫串着一種精神，我們稱之為「魂」，它是民族文化最深層、最積極的核心，是民族發展的不竭動力，它包括思想、意識、價值觀、思維方法等，我們稱之為「中華美德」。

　　舉如《論語》的一句話：

　　子曰：「志士仁人，無求生以害仁，有殺身以成仁。」（《論語·衛靈公》）

又《孟子》的一段文字：

「魚，我所欲也；熊掌，亦我所欲也。二者不可得兼，舍魚而取熊掌者也。生，亦我所欲也；義，亦我所欲也。二者不可得兼，捨生而取義者也。生亦我所欲，所欲有甚於生者，故不為苟得也；死亦我所惡，所惡有甚於死者，故患有所不辟也。如使人之所欲莫甚於生，則凡可以得生者何不用也？使人之所惡莫甚於死者，則凡可以避患者何不為也？由是則生而有不用也，由是則可以避患而有不為也。是故所欲有甚於生者，所惡有甚於死者。非獨賢者有是心也，人皆有之，賢者能勿喪耳。」（《孟子·告子上》）

以上孔孟的說話，二三千年以來，造就了一批又一批的君子，積極向上，愛國愛民，「老吾老以及人之老，幼吾幼以及人之幼」；在亂世以至於國家破亡、民族罹難之際，更孕育出無數個犧牲個人利益甚至性命，以維護公義正理的「志士仁人」。文天祥（1236 — 1283）《正氣歌》中歌頌的如齊太史（？—前548）、晉董狐（春秋時人，生卒年不詳）、秦張良（？—前186）、漢蘇武（前140 — 前60）等十二位人物（當然也包括文天祥），正正就是能「殺身以成仁」、「捨生而取義」的豪傑。

今天我們將目光焦點集中於武則天長安元年（701）王維（701 — 761，或說出生於693、694）、李白（701 — 762）出生，至代宗大曆五年（770）杜甫（712 — 770）離世，共六十九年的時空，看看三位盛唐時期的詩人巨擘及其作品所呈現的文化訊息，如何表現出中華文化的「根」與「魂」，並帶領我們建

立「文化自信」，邁步人生。《文心雕龍・時序》云：「文變染乎世情，興廢繫乎時序。」究竟這六十九年間的「世情」、「時序」以及詩人的狀貌怎樣？我分幾點說明：

一、中國南北朝時期，南方和北方的學風、文風，都呈現出顯然不同的狀態。南方喜莊老、尚清談，注重抽象名理的論辯。北方流行漢儒的經學，注重人的行為準則。南方文風華靡，北方文風質樸。唐代詩人經過近百年的摸索，特別在「初唐四傑」和陳子昂（約 661 — 702）的努力下，這兩種文風開始較好地融合起來。南朝的「文」融入北朝的「質」，北朝的「質」充實南朝的「文」，這種文質相待的要求和發展，促使盛唐的詩歌創作邁向新的領域。

二、唐代文化在繼承唐初相容並包、開放多元文化政策的基礎上，大力開展文化基礎建設，通過不斷與周邊國家和地區的文化交流，創造出中國古代傳統文化的高峯。儒道佛的思想都得到充分發展，詩人沉浸其中，必然受到或多或少的影響。

三、從玄宗（李隆基，685 — 762，712 — 756 在位）即位起的半個世紀為盛唐時期。這時期社會安定、經濟繁榮、國力強大，提高了民族自信心與自豪感。這種強烈的民族自信心和自豪感，以及對於生命理想的樂觀進取的精神狀態，就成為盛唐文化精神的主流，也造就盛唐詩歌特有的風貌。而中外文化交流活動，遍及廣州、揚州、洛陽等主要城市，並以首都長安最為集中和繁盛。在中外文化交流中，如宗教、音樂、舞蹈、美術等，都能廣泛汲取外來的成分，大大豐富了盛唐詩人的寫作

題材。當然，隨着個人不同的生活遭遇與生活態度，詩人們或者成為高蹈的退守者，如孟浩然（689—740）、常建（生卒年不詳）、儲光羲（707—760）等，或者成為熱情的進取者，如高適（706—765）、岑參（715？—770）、李頎（690—751）、王昌齡（698—756）等。而王維因個人的際遇，因時變化，兩者兼之。

四、「安史之亂」（755—763）是唐帝國由盛轉衰的界標，也是唐代文學發展的一個轉捩點。亂前以李白為代表的浪漫主義和亂後以杜甫為代表的現實主義雙峯並峙，在詩歌創作方面，顯示了盛唐之所以為盛。李白熱愛現實生活中一切美好的事物，而對其中不合理的現象則毫無顧忌地投之以輕蔑。這種已被現實牢籠但不願意接受，反過來卻想征服現實的態度，是後代人民反抗黑暗勢力與庸俗風習的一股強大精神力量。這也就是李白的獨特性，和杜甫始終以嚴肅悲憫的心情注視、關心和反映黎民百姓命運的那種現實主義精神是相反而相成的。杜甫以積極的入世精神，為國家的安危、人民的哀樂而歌唱。這就是後人尊李白為「詩仙」，尊杜甫為「詩聖」的理由。

詩佛王維

王維，字摩詰。祖籍太原祁州（今山西祁縣），從他父親處廉（生卒年不詳）開始，遷居到蒲（今山西永濟縣），遂為河東人。年青時有才名，開元九年（721，一說十九年）進士。曾任太樂丞，後貶官濟州。曾在淇上、嵩山一帶隱居，開元二十二

年（734），任右拾遺。曾出使涼州。天寶年間，在終南山和輞川閒居。「安史之亂」後，篤志奉佛。官至尚書右丞。他在繪畫、音樂、詩歌等方面都有很高造詣，山水田園詩的成就尤其突出。

王維留下四百多首詩，善寫靜中之趣，五言尤勝。性既好佛，又工繪畫，所以他的詩亦兼具禪理和畫意。蘇軾（1037 — 1101）曾說：「味摩詰之詩，詩中有畫；觀摩詰之畫，畫中有詩。」單是以下一些王維的詩句，大家自可在腦海中呈現鮮活的畫像：

獨在異鄉為異客，每逢佳節倍思親。（《九月九日憶山東兄弟》）

紅豆生南國，春來發幾枝？（《相思》）

勸君更盡一杯酒，西出陽關無故人。（《送元二使安西》）

大漠孤煙直，長河落日圓。（《使至塞上》）

明月松間照，清泉石上流。（《山居秋暝》）

江流天地外，山色有無中。（《漢江臨眺》）

白雲回望合，青靄入看無。（《終南山》）

行到水窮處，坐看雲起時。（《終南別業》）

雨中山果落，燈下草蟲鳴。(《秋夜獨坐》)

遠看山有色，近聽水無聲。(《畫》)

來日綺窗前，寒梅着花未。(《雜詩》)

斜光照墟落，窮巷牛羊歸。(《渭川田家》)

王維詩歌以精煉而不雕飾，明淨而不淺露，自然而不拙直為特色，正如沈德潛（1673－1769）所評，其詩最見功力處「正從不着力處得之」(《唐詩別裁集》)。以上詩句，不用典，文字淺明，似毋須解釋也能理解。可是，當你一看再看三看，又覺得有些蘊藏的意義實在太深太玄。

由於王維的母親崔氏（生卒年不詳）信佛，師事大照禪師（651－739）三十餘年，大照禪師即禪宗北宗神秀（606－706）的弟子。王維早年的思想，不可能不受影響，再加上個人的修為，又於四十歲左右時，遇到南宗慧能（638－713）的弟子神會（686－760），受其心要而精通禪理，其以詩寄寓佛家思想，也是自然而然的事，如：

軟草承趺坐，長松響梵聲。空居法雲外，觀世得無生。(《登辨覺寺》)

趺坐簷前日，焚香竹下煙。寒空法雲地，秋色淨居天。身逐因緣法，心過次第禪。(《過盧四員外宅看飯僧共題七韻》)

欲問義心義，遙知空病空。山河天眼裏，世界法身中。
（《夏日過青龍寺謁操禪師》）

　　上面的詩句，只宣揚佛理而詩意索然。用李夢陽（1473—1530）的說法：「王維詩高者似禪，卑者似僧。」（《空同集》）究竟王維「詩高者似禪」的作品如何？試看：

　　空山不見人，但聞人語響。返景入深林，復照青苔上。
（《鹿柴》）

　　秋山斂餘照，飛鳥逐前侶。彩翠時分明，夕嵐無處所。
（《木蘭柴》）

　　清淺白石灘，綠蒲向堪把。家住水東西，浣紗明月下。
（《白石灘》）

　　荊溪白石出，天寒紅葉稀。山路元無雨，空翠濕人衣。
（《山中》）

　　輕舟南垞去，北垞淼難即。隔浦望人家，遙遙不相識。
（《南垞》）

　　獨坐幽篁裏，彈琴復長嘯。深林人不知，明月來相照。
（《竹里館》）

　　人閒桂花落，夜靜春山空。月出驚山鳥，時鳴春澗中。
（《鳥鳴澗》）

木末芙蓉花，山中發紅萼。澗戶寂無人，紛紛開且落。（《辛夷塢》）

空山新雨後，天氣晚來秋。明月松間照，清泉石上流。竹喧歸浣女。蓮動下漁舟。隨意春芳歇，王孫自可留。（《山居秋暝》）

在王維的眼中，凡日常生活所見的一切都是「真如」的本體，都充滿禪意、禪趣。胡應麟（1551—1602）許之為「入禪之作」，說「讀之身世兩忘，萬念皆寂。」（《詩藪》）現代的城市人，過着煩囂的生活，雖未必能經常沐浴於山林之中，但隨時可品味朗讀王維的詩，以禪的一杯茶，沖洗塵累凡腸，享受大自在的樂趣。

詩仙李白

李白，字太白。其籍貫異説紛紜，或曰隴西，或曰山東，或曰蜀。其出生地尚無定論，主要有生於蜀和生於西域碎葉城（今吉爾吉斯的托克馬克市）二說。家世不詳，據李白自言及相關材料，其九世祖為涼武昭王（李暠，351—417）之後，其先於隋末流寓西域，至其父李客（生卒年不詳，據《舊唐書》記載，曾為任城尉）才「逃歸於蜀」（李陽冰《草堂集序》），四歲的李白亦隨之遷居劍南道綿州昌隆縣青蓮鄉（今四川省江油市）。

李白少穎慧，有逸才，十歲通詩書。喜任俠，輕財重施。

或訪道四方，以鍊丹求仙為事。天寶（742—756）初，入會稽，與道士吳筠（？—778）友善。筠被召入京，李白也隨着到了長安。賀知章（659—744）讀了他的《蜀道難》：

噫吁嚱，危乎高哉！蜀道之難，難於上青天！蠶叢及魚鳧，開國何茫然！爾來四萬八千歲，不與秦塞通人煙。西當太白有鳥道，可以橫絕峨眉巔。地崩山摧壯士死，然後天梯石棧相鈎連。上有六龍回日之高標，下有衝波逆折之回川。黃鶴之飛尚不得過，猿猱欲度愁攀援。青泥何盤盤，百步九折縈巖巒。捫參歷井仰脅息，以手撫膺坐長歎。問君西遊何時還？畏途巉巖不可攀。但見悲鳥號古木，雄飛雌從繞林間。又聞子規啼夜月，愁空山。蜀道之難，難於上青天，使人聽此凋朱顏！連峯去天不盈尺，枯松倒掛倚絕壁。飛湍瀑流爭喧豗，砯崖轉石萬壑雷。其險也如此，嗟爾遠道之人胡為乎來哉！劍閣崢嶸而崔嵬，一夫當關，萬夫莫開。所守或匪親，化為狼與豺。朝避猛虎，夕避長蛇。磨牙吮血，殺人如麻。錦城雖云樂，不如早還家。蜀道之難，難於上青天，側身西望長咨嗟！

深受所感，歎為「謫仙人也」。薦之於玄宗，召為翰林供奉。二年餘，求放還山。

天寶十四載（755），安祿山（703—757）反唐，李白轉徙宿松（今安徽省西南部、長江北岸）、匡廬（即江西省廬山）間，永王璘（719？—757）為江淮兵馬都督，辟為府僚。璘敗，白被流放夜郎，途中遇赦得還。代宗寶應元年（762），在

當塗病死，年六十二。留下詩九百餘首，[1] 世稱「詩仙」。

陳師耀南曾將李白一生，分為六個階段：生於西域；成長蜀中；漫遊華東；長安夢碎；江湖浪跡；宦舟再覆。[2] 我也寫過一首《題李太白》的詩，概括了李白的一生和我對他的感受：

飛揚跋扈謫仙人。玉山自倒態絕倫。平生四海為胸臆。沉吟俯仰筆底真。五七言絕體高妙。古風樂府尤稱神。桃花潭畔踏歌處。曾有出水芙蓉新。金陵酒。峨眉月。天姥峯頭。梁王宮闕。杖劍走馬如閒雲。一生貴賤何飄忽。恩承帝主親調羹。翰林供奉驚一鳴。酒醉恐言温室樹。白首肯著《太玄經》。可憐淪作永王客。夜郎萬里愁遷謫。是非留得後人爭。千秋長養詩魂魄。[3]

杜甫《春日憶李白》云：「白也詩無敵，飄然思不羣。」確然，詩到李白，凡神仙游俠奇山異水名酒美人，都成他詠歌的材料。沈德潛稱其「想落天外，局自變生，大江無風，濤浪自湧，白雲卷舒，從風變滅。此殆天授，非人力也。」[4]

李白從小就受到道教神仙思想的薰陶，在其詩歌中多有體現。其《感興八首》其四云：

1 李白的族叔李陽冰（生卒年不詳）為李白遺作編成《草堂集》十卷，序云：「中原有事，公避地八年，當時著述，十喪其九，今所傳者，皆得之他人焉。」清人王琦（乾隆時人，生卒年不詳）窮半生之力，在前人收集和注釋李白詩的成果上，輯成《李太白集輯注》三十六卷，最受研究者重視。
2 陳師耀南：《唐詩新賞（上）》（香港：三聯書店，2006 年），頁 170。
3 收入招祥麒：《風蔚樓叢稿》（香港：獲益出版社，2003 年），頁 68。
4 沈德潛：《說詩晬語》（北京：人民文學出版社，2005 年），頁 209。

十五遊神仙，仙遊未曾歇。吹笛吟松風，泛瑟窺海月。西山玉童子，使我練金骨。欲逐黃鶴飛，相呼向蓬闕。

又在《下途歸石門舊居》中表達對神仙的嚮往：

余嘗學道窮冥筌，夢中往往遊仙山。何當脫屣謝時去，壺中別有日月天。

李白一生與道教徒接觸甚多，如司馬承禎（647—735）、吳筠（？—778）、焦鍊師（生卒年不詳）、元丹丘（生卒年不詳）等。李白入宮，亦多得於吳筠所薦。其與元丹丘更為一生好友，在李白的詩中，有十四首提到元丹丘，如《將進酒》：

君不見黃河之水天上來，奔流到海不復回。君不見高堂明鏡悲白髮，朝如青絲暮成雪。人生得意須盡歡，莫使金樽空對月。天生我材必有用，千金散盡還復來。烹羊宰牛且為樂，會須一飲三百杯。岑夫子，丹丘生，將進酒，杯莫停。與君歌一曲，請君為我傾耳聽。鐘鼓饌玉不足貴，但願長醉不復醒。古來聖賢皆寂寞，惟有飲者留其名。陳王昔時宴平樂，斗酒十千恣歡謔。主人何為言少錢，徑須沽取對君酌。五花馬，千金裘，呼兒將出換美酒，與爾同銷萬古愁。

又如《西嶽雲台歌送丹丘子》：

西嶽崢嶸何壯哉！黃河如絲天際來。黃河萬里觸山動，盤渦轂轉秦地雷。榮光休氣紛五彩，千年一清聖人在。巨靈咆哮

擘兩山，洪波噴流射東海。三峯卻立如欲摧，翠崖丹谷高掌開。白帝金精運元氣，石作蓮花雲作台。雲台閣道連窈冥，中有不死丹丘生。明星玉女備灑掃，麻姑搔背指爪輕。我皇手把天地戶，丹丘談天與天語。九重出入生光輝，東來蓬萊復西歸。玉漿倘惠故人飲，騎二茅龍上天飛。

其他如《聞丹丘子於城北山營石門幽居中有高鳳遺跡僕離群遠懷亦有棲遁之志因敘舊以寄之》、《尋高鳳石門山中元丹丘》、《觀元丹丘坐巫山屏風》、《題元丹丘潁陽山居》、《元丹丘歌》、《潁陽別元丹丘之淮陽》、《以詩代書答元丹丘》、《題元丹丘山居》、《酬岑勛見尋就元丹丘對酒相待以詩見招》、《同族弟金城尉叔卿燭照山水壁畫歌》、《與元丹丘方城寺談玄作》及《題嵩山逸人元丹丘山居》等。

李白的詩受道家道教思想影響俯拾即是，尚自然，不矯飾，任性奔放，天才與天地並驅，非人力所能及。如果說，中國的文化藝術的發展受道家思想的影響最大，則李白的詩作，正是道家藝術的高境界。

以下舉高中中國語文課程所選的一首李白詩《月下獨酌》四首之一為例：

花間一壺酒，獨酌無相親。舉杯邀明月，對影成三人。月既不解飲，影徒隨我身。暫伴月將影，行樂須及春。我歌月徘徊，我舞影零亂。醒時同交歡，醉後各分散。永結無情遊，相期邈雲漢。

傅庚生（1910 — 1984）《中國文學欣賞舉隅》：「花間有酒，獨酌無親；雖則無親，邀月與影，乃如三人；雖如三人，月不解飲，影徒隨身；雖不解飲，聊可為伴，雖徒隨身，亦得相將，及時行樂，春光幾何？月徘徊，如聽歌，影零亂，如伴舞，醒時雖同歡，醉後各分散；聚散似無情，情深得永結，雲漢邈相期，相親慰獨酌。此詩一步一轉，越轉越奇，雖奇而不離其宗；青蓮奇才，故能爾爾，恐未必苦修能接耳。」[5]

　　又李利、許可、雪崖〈飛鴻有響音 —— 談李白《月下獨酌》詩境的超越美〉一文指出：「詩人運用超越具象形象的創作表現孤獨這一主題，不是直抒胸臆，而是『餘味曲包』，其內涵至少有以下幾層意蘊：(1) 月夜獨酌，借酒消愁是孤獨。(2) 舉杯邀月，月生人影，『對影成三人』實際還是孤獨的一個人，孤獨到與月、影為伴，足見孤獨之甚。(3) 夜深人靜更顯孤獨，又不甘心孤獨，於是自歌自舞，對月當歌，把酒邀月，與影對舞，以聲音動作營造熱烈氣氛，襯托之下更顯孤獨。(4) 明知明月不能伴飲，人影徒隨自身，可是即便是這樣還不能夠長久，還要在『同交歡』之後『各分散』，剩下的還是只有孤獨。(5) 生怕幻夢消失，於是把酒問月，與影相約，期待着去雲漢做無情閒遊。心裏明明知道是無望的期待還要去期待，等待的必然還是永遠的孤獨。」[6] 其分析細緻，頗足參考。

5　傅庚生：《中國文學欣賞舉隅》（西安：陝西人民出版社，1983 年），頁72。
6　李利、許可、雪崖：〈飛鴻有響音 —— 談李白《月下獨酌》詩境的超越美〉，《瀋陽大學學報》，1999 年第 1 期，頁 84-85。

詩聖杜甫

　　杜甫，字子美，祖籍襄陽，後遷居鞏縣（今河南鞏縣）。青年時科舉不第，曾在長安困守十年。「安史之亂」中他和人民一起流亡，曾被安祿山軍俘至長安。逃出後任肅宗（李亨，711－762）朝左拾遺，不久貶官華州。後辭官經秦州同谷入蜀，在成都營建草堂，獲表薦為檢校工部員外郎。晚年在夔州旅居二年，五十七歲時出川，在岳陽一帶漂泊，最後病死在湘水上。

　　杜甫一生經歷大唐帝國玄宗、肅宗、代宗三個王朝，他出生於玄宗剛即位的先天元年（712），卒於代宗大曆五年（770）。這五十八年正是唐帝國走向最繁盛，而又步向衰落的時候。度過這一段滄桑的歲月，杜甫以他生命的全副精神進行創作，流傳下來的 1458 首詩歌，組成一幅又一幅生動而寫實的畫卷，將「安史之亂」前後的親身經歷，通過詩的各種體裁敷寫出來；他的詩集，儼然成為一部記錄社會變動帶給各階層變化與痛苦的寫實著作，既可印證正史的記敍，也可補正史的不足。由此，我們稱杜甫是「詩史」，杜詩是「史詩」，也就不難理解。

　　談到「詩聖」，《說文解字》：「聖，通也。」杜甫在詩歌創作藝術的高度，雄視百代，後世詩人極少不受其影響。白居易（772－846）讚揚杜詩貫穿今古，盡工盡善，元稹（779－831）更指杜詩「上薄風騷，下該沈宋，言奪蘇李，氣吞曹劉，掩顏謝之孤高，雜徐庾之流麗，盡得古今之體勢，而兼人人之所獨專。……則詩人以來，未有如子美者」（《唐故工部員外郎杜君墓誌銘序》），可謂推崇備至。杜詩之「聖」在此。然而如

果因杜詩之能集大成而稱「詩之聖」則可，尊杜甫為「詩聖」則不可。「詩聖」是含有「詩界中聖人」的意義的。杜甫被尊為「詩聖」，主要在於我們從杜詩中體悟出一位公忠體國、仁民愛物的崇高人物形象。

蘇軾在《王定國詩集敍》中說：「古今詩人眾矣，而杜子美為首。豈非以其流落飢寒，終身不用，而一飯未嘗忘君也歟？」杜甫一生落魄潦倒，歷盡坎坷，但他始終保持着儒家最推崇的仁者襟懷，「造次必於是，顛沛必於是」。他公忠體國，關注社會現實，關懷民族命運，關心蒼生疾苦。

致君堯舜上，再使風俗淳。（《奉贈韋左丞丈二十二韻》）

北極朝廷終不改，西山寇盜莫相侵。（《登樓》）

劍外忽傳收薊北，初聞涕淚滿衣裳。（《聞官軍收河南河北》）

朱門酒肉臭，路有凍死骨。（《自京赴奉先詠懷五百字》）

安得廣廈千萬間，大庇天下寒士俱歡顏。（《茅屋為秋風所破歌》）

杜詩中，處處表現詩人本於性情，以天下為己任的家國情懷，所以能引發不同時代讀者的共鳴，特別在中華民族遭到外患衝擊之時，杜詩竟成為無數仁人義士和愛國詩人的精神支柱。

天地之間，人物並生，各得其性。杜甫的仁愛之心，由親愛家人、親友，推而廣之而及於天下蒼生，甚至於宇宙間的一切無情之物——風雲月露草木蟲魚等，在杜甫的筆下，都成了有情之物，而逗人可愛可親可愁可怨！試看：

　　感時花濺淚，恨別鳥驚心。(《春望》)

　　天風隨斷柳，客淚墮清笳。(《遣懷》)

　　露從今夜白，月是故鄉明。(《月夜憶舍弟》)

　　鴻雁幾時到，江湖秋水多。(《天末懷李白》)

　　隨風潛入夜，潤物細無聲。(《春夜喜雨》)

　　江山如有待，花柳更無私。(《後遊》)

　　白魚困密網，黃鳥喧佳音。物微限通塞，惻隱仁者心。(《過津口》)

　　杜甫一生流離困苦，雖曾任官，也屈居下僚，政治上似無所作為，對當時的社會沒有甚麼豐功偉績，但他始終秉持儒家「仁者」的道德情操。我們看到的，就是在普通百姓中的一位沒有憑藉，做好自己，而「超凡入聖」的人物，這位人物，竟用他畢生從事的詩歌創作，真實地反映出人格的偉大之處，光照古今與未來，成為中國人的典範。這點，才是我們認識「詩聖」的現代意義！

我們試讀杜甫的一首《兵車行》：

車轔轔，馬蕭蕭，行人弓箭各在腰，爺娘妻子走相送，塵埃不見咸陽橋。牽衣頓足攔道哭，哭聲直上干雲霄。道旁過者問行人，行人但云點行頻。或從十五北防河，便至四十西營田。去時里正與裹頭，歸來頭白還戍邊。邊庭流血成海水，武皇開邊意未已。君不聞漢家山東二百州，千村萬落生荊杞。縱有健婦把鋤犁，禾生隴畝無東西。況復秦兵耐苦戰，被驅不異犬與雞。長者雖有問，役夫敢伸恨？且如今年冬，未休關西卒。縣官急索租，租稅從何出？信知生男惡，反是生女好；生女猶得嫁比鄰，生男埋沒隨百草。君不見青海頭，古來白骨無人收，新鬼煩冤舊鬼哭，天陰雨濕聲啾啾！

歷代注家多認為此詩因哥舒翰（？—757）用兵吐蕃而作。宋代黃鶴（生卒年不詳）和清代錢謙益（1582—1664）則認為是因天寶十載（751）唐玄宗的外戚楊國忠（？—756）令鮮于仲通（693—755）征南詔事而作，因為《資治通鑑》裏關於這次徵兵的記載與《兵車行》開頭的描寫很相似。詩歌當作於天寶十載（751）以後。[7]

何焯（1661—1722）《義門讀書記》評曰：「篇中層層相接，累累珠貫，弊中國以繳邊功，農桑廢與賦斂益急，不待祿山作逆，山東已有土崩之勢矣。況畿輔根本亦空虛如是，一朝有事，誰與守耶？借漢喻唐，借山東以切山西，尤得體。」讀

7　參教育局《積學與涵泳 —— 中學古詩文誦讀材料選編·兵車行》（2013 年 9 月）

者細細品味，一位敢於反映現實，又不失溫柔敦厚的愛國詩人，如在目前，令人仰視。

總結

王維詩中的「佛」、李白詩中的「道」和杜甫詩中的「儒」，正正就是中國傳統文化的思想核心。當然，人是有情感，遇物而變，王維傾向佛，並不表示他沒有積極的儒家思想與超世的道家思想。特別是後者的「無己」、「坐忘」追求「靜」的意識，在王維的山水詩中，俯拾即是。也許，王維的信佛，只是因生活中失意而尋求的一種寄託而已。[8]

李白詩中的仙氣與道家思想，固然突出，其在詩中表現的開創性藝術精神，讓我們啟發良多。讀者不一定專攻文學，但任何學科專才，而應有的開拓創新精神，必然類似李白的超然想像力，敢於毫不保留地盡情奔放的情懷，才能獲致偉大的成就。李白絕非徹頭徹尾的道教徒，他一生懷抱着「申管晏之談，謀帝王之術，奮其智慧，願為輔弼，使寰區大定，海縣靖一」（《代壽山答孟少府移文書》）的儒者志向。至於李白並不抗拒與佛教徒接觸，彼此交往，自然也受影響，其《聽蜀僧彈琴》與《僧伽歌》可見一斑。

8　參劉曉林：〈王維「以佛入詩」辨〉。《衡陽師專學報（社會科學）》，1995 年第 5 期，頁 63-68。

杜甫無疑是儒家色彩最濃厚的，其詩中處處可見「致君堯舜上」的儒家精神。然而杜甫於道家、佛家思想在那個大時代中不可能沒有接觸、不受影響。他崇拜李白，與李白在梁、宋漫遊時，也曾求仙訪道，《贈李白》有「亦有梁宋遊，方期拾瑤草」句可見。對於佛家思想，他曾遇五台山學佛的許十一（生卒年不詳），有《夜聽許十一誦詩愛而有作》，示仰慕之情。[9]

　　今天時間所限，我無法多舉例證，深入討論。然而從三大詩人的詩歌中，給我們看到中國的思想界是多元與包容的，像陶淵明（約 365 — 427）、蘇軾，有人說他們是儒，是道，是佛，其實都對、都不對，陶就是陶，蘇就是蘇，要看二人所遇所處所見所聞而有所適變，而最終陶就是陶，蘇就是蘇。也許王維、李白、杜甫三人，也可作如是觀。

9　參梁超然：〈傳統文化的儒、佛、道及其包容性 —— 從唐代的詩聖、詩仙、詩佛說起〉。收入《中華傳統文化與新世紀國際學術研討會論文集》，2001 年，頁 422-432。

中國傳統藝術與香港故宮

焦天龍博士
香港故宮文化博物館首席研究員

　　能夠再次回到香港參與香港故宮博物館的建設，同時向各位校長在線上、在現場分享香港故宮博物館一些展覽項目和設計理念，感到很榮幸，希望向各位校長提供一些資訊和資源，便於我們將來更有效地交流。故宮自 7 月 3 日開幕到目前為止，它所受到的關注超出我們的想像，「每天都人山人海」這個形容一點也不過分，從來沒想過博物館的票這麼難買得到，全世界的博物館票都很容易買，但香港故宮一票難求，這也讓我非常感動。香港還未通關，所以他們都是香港本地的觀眾，這反映了香港市民及學界對我們的關注，我很感謝，也非常感動。希望今天向各位校長、老師作一點分享，關於香港故宮博物館在展示中華傳統藝術方面，有哪些地方可以向各位校長分享呢？有哪些地方可以合作？這樣能更好地刺激，不止是我們的學生，也包括香港市民和學術界，引起和加強對中華文化的推廣、研究和介紹。

　　我簡單地向大家介紹一下香港故宮博物館的情況。我們現在跟香港很多學校舉辦很多活動，教育局也很關注我們。現在

每天在展廳裏，小學生和中學生特別多，非常感動，尤其是小朋友，他們都很好奇，這正是我們所希望的。只要他們去，就說明我們成功了。

首先向各位介紹，這次開幕有九大展覽。這九個展覽是怎麼計劃的？為甚麼以這種方式去展覽？這個和博物館的定位、理念和願景是相關的。香港故宮博物館的定位是要成為世界一流的博物館，需要以推廣、研究、介紹中華文化藝術為主旨，促進不同文明之間的對話，促進古代和現代之間的對話。用我們吳志華館長的說法就是「一座連接的橋」，我們負責充當一條紐帶，所以開幕展也是圍繞這個理念和願景來進行的。但是我們有一個原則：所有的研究都要以學術研究為基礎。我們展覽任何一個主題的切入都要有扎實的學術研究，我們講出來的故事以及展品的介紹，都是有學術背景和知識基礎的。

另外，我們採用比較吸引的策展手法，即是現代國際博物館以及業界最新的策展手法和展覽方式，包括怎麼寫那些標籤，都要符合當代博物館的規則。通過這種方法和全球的視野來策劃我們的展覽。各位參觀過我們展廳的都知道，我們並不死板，展覽的是老東西，是很古老的中華文化，但是各位進去會感覺很親切，氣氛也很好。有觀眾說：「你們的氣氛很好。」如果大人或者小孩都有這個感覺，這就對了。各位光臨我們的展廳，想學習，想研究，想探索，這是一個基礎。

我們是香港故宮文化博物館，所以一定要立足於香港，這是我們區別於任何一個博物館的根本點。我們現在有北京

故宮、台北故宮、瀋陽故宮，還有香港故宮。既然是香港故宮，我們就一定要有香港的「根」。畢竟博物館在香港扎根，就要有香港的角度和視野。所以我們在開幕展裏，甚至在未來的發展裏也一定會秉持這個原則，也就是說我們要結合香港的文化資源，尤其是在座各位老師非常關鍵，還有香港的藝術資源。我們要做一個對話平台，促進香港市民、學生、學術界對話。現在有很多人向我們提各種各樣的建議，有很多很好的建議，也有很多批評的意見，這些都很正常，也是對的。如果沒有人理會我們，沒有人關心我們，那就不對了。現在無論是學術界的朋友也好，一般的觀眾也好，大家都很關注我們，這是對我們的一個鼓勵，當然我們也有很多需要改進的地方。今天主要向各位介紹一下我們九大展覽的一些理念，還有一些重要的展品，希望分享給各位校長、老師看看我們未來在你們的教學過程中有哪些可以互動的地方，一起做好這個對話平台。

那我現在就給大家總體上介紹一下各個展廳的一些概況。第一展廳的名字叫「紫禁萬象」，副標題是「建築、典藏與文化傳承」，主要從建築、皇家的收藏、宮中建築，還有紫禁城六百年對中華文化的傳承為題，來設計我們的展廳。這個展廳比較大，容納的文物也比較多。在設計上，這個展廳是由美國的團隊設計的，做了很多的探索。把龐大的紫禁城總共六百年的歷史搬到一個展廳裏，是一個巨大的挑戰，這個我們做得還挺不錯。在大家進門的地方，展區介紹紫禁城的建築，和這些建築的變遷，當然離不開那些皇帝、他們大殿上的設施，還有一些宮廷的演變。

我們用了一個很大的空間，所有展櫃都是我們特地設計的，還利用一些多媒體的技術來展示幾個主要的皇帝，以及紫禁城的變遷。我們與香港的趙廣超團隊合作，把紫禁城六百年的歷史做了一個視覺化的地圖，把主要宮殿佈局的演變做了一個展示。同時，我們也展示了康熙的畫像，以及他的一些朝服，這些文物主要就是給大家溯源。參觀過北京故宮的都知道，紫禁城有很多各種各樣的大殿、內廳，都有這樣的設置——一個屏風，一個寶座，所以我們做了一個小型的，後面則是個模仿大殿的設施。這是一個隨機的組合，不是特意指哪個殿，這樣也讓一般觀眾間接感覺到皇家的氣勢。這真的很吸引人，因為展覽的第一眼很關鍵。從專業的角度來說，觀眾一進展廳必須要有一個驚喜的感覺，他才會往下看，否則他就沒興趣了，這是從這個角度進行的設計。

講紫禁城的變遷就離不開皇帝的權力，還有一些皇帝生活相關的器物，所以這部分有很多國寶、繪畫，還有幾個皇帝的大印，一般觀眾都對皇帝的大印非常感興趣。這個展覽有很多寶璽、十幾個大印，不止是皇帝的，還有皇后的，讓香港觀眾一飽眼福。我本人有很多大印也沒有看過。在清朝所有的寶璽當中，皇帝的大印當中最重要的一件就是「大清受命之寶」。清朝建國之初，就像中國歷代皇朝一樣，要受天命（Heavenly Mandate），他們認為替代明朝是上天注定的，所以造了這個寶璽，是皇太極的時候造的。到乾隆的時候，當然這個印就不用了，但是它被列為寶中之寶。清朝皇帝稱呼大印為「寶」，這是二十多寶之中的第一寶，非常關鍵，當時造了一個特別精緻的盒子把它裝起來，封存在瀋陽故宮裏，所以這是一件寶中之寶。

弓箭也是大家比較感興趣的。清朝的皇帝，尤其是早期的皇帝，順治皇帝、康熙皇帝都是馬上得天下的，他們本身都是武將，衝鋒陷陣，所展出的兩個皇帝用的弓箭，一個是順治皇帝的，一個是康熙皇帝的，讓大家體會到清朝建國之初的一些細節，那裏還有一些箭頭、扳指等等。旁邊的櫃裏擺了一列，五個都是乾隆皇帝佩帶的儀式性的武器，包括箭、匕首，都非常豪華。大家通過實物，來親身感受清朝皇帝的氣度，以及一些權利的象徵。

然後就是康熙皇帝的朝袍，是康熙真的穿過的。皇袍在明清時期發生了很多變化，在清朝做了很多改進，當時對於穿着的服裝是非常講究的。從皇帝到大臣，不同級別穿甚麼，不同場合穿甚麼，不同季節穿甚麼，都有非常嚴格的規定。展出的朝袍是他夏天上朝時候穿的，保存得相當好，保留了這種明黃色，一種非常特別的黃色，上面繡滿了龍和其他皇權的象徵。皇帝的衣服保留了滿族的特色，儘管用了漢人的、從明代傳下來的皇權象徵，但袖口和領口的披肩都是馬皮繡，帶有滿族特色，即是遊牧民族的服裝特色。這件服裝也讓大家親身感受到清朝皇帝在服裝上的規範。

很重要的一點就是，現在我們說的紫禁城，不止是皇帝統治全國和居住的地方，同時還有很多作坊，也就是造辦處，我們稱之為「皇家的作坊」，它代表了當時中國工藝最高的水平。紫禁城裏面有各種各樣的作坊。展廳裏有琺瑯、玉器、瓷器等等。雖然玻璃不是中國本土的，但到了清朝以後發展到了極高的水平。展品中有三件都是玻璃，很多人都驚歎那件白色的玻

璃好像現在的玻璃一樣。棕色一點的是金星玻璃，也是清朝發展出來的一種特色技術。通過這個介紹，希望觀眾一方面了解這些工藝技術的成就，另一方面也希望增進大家對於紫禁城的了解，不止是皇帝，還有這些工藝品的生產和製作。

我簡單地把第一展廳向大家作個介紹，第一展廳還有很重要的一個部分，就是展示清宮與外界的交流，以及清宮的演變。從 30 年代日本侵略中國的時候，好多故宮文物裝箱南運、南遷，歷經變遷，我們要講這個故事 —— 故宮從皇家宮殿到博物館的轉變。

第二展廳也是比較受歡迎的，這個叫「紫禁一日」，也就是在紫禁城怎麼過一天。不止於現實時間早晚，也不止於哪個皇帝，主要是整體上讓大家體驗一下當年清朝盛世的時候，從早上到晚上的生活節奏。清朝的皇帝是中國歷代皇帝中最勤奮的一羣，他睡不到懶覺，早上四點多就得起牀，非常勤奮地處理各種事情，所以我們也是從早上到晚上，透過很多不同的章節，帶領大家隨着我們的展覽，體會一下當年紫禁城的一天是怎麼度過的。這裏面有很多重要的國寶，我不能一一介紹，只能大概介紹一下。

紫禁城還有一個很重要的功能，因為皇帝要祭拜各種各樣的神仙，紫禁城亦是進行各種各樣祭奠儀式的地方，包括道教、佛教，還有傳統的薩滿教，皇帝是很敬畏天神的。我們展示的是敬奉道教神仙的一些祭器，有兩個大的是「太平有象」，在欽安殿裏面，是祭拜道教時的主要裝置。這些都是很精美的文物。

紫禁城裏有很多佛堂。相當於供奉藏傳佛教的雕像，我們也找了一組讓大家體會到雕像的精美，以及它們跟皇家生活的關係。另外，我們展出了很多印，其中有一個是「為君難」，這個是雍正皇帝刻的。很多人不了解皇家生活，都說做皇帝很好玩、很威風，但做甚麼都有甚麼的難處。在清朝皇帝當中，雍正皇帝即位不容易，統治國家也是兢兢業業，很勤力。他為了告誡子孫，就刻了這個大印，表示做皇帝是不容易的。這個印很受歡迎，尤其是開館前，很多香港政界重要人物都來參觀，都喜歡這個印，很有同感，做皇帝也不容易，當官也不容易，這是很有意思的。另外還有展出其他皇家的印。所以我經常跟朋友說，你去展覽一定要找到這些印，好好看一下。

　　第三展廳是一個特殊展廳。故宮藏的陶瓷器應該是中國各個博物館裏最多的，大量是明清的御窯瓷器，很漂亮，同時它還做了一些擴充，尤其是 50 年代以後，做了很多擴充，自成一個體系，能夠反映中國陶瓷的發展史。陶瓷是中國古代物質文明很重要的組成部分，所以我們選了這個為主題，對展廳進行了一些設計。展品都是歷代的珍品，包括宋朝的、明朝的，一直到清朝的，重要的珍品都在這個展廳裏展示，有些可能過段時間要換掉。我們運用的背景顏色很通透、很素雅，跟其他展廳不一樣。從之前的時代一直到清朝，我們為一些主要的精品做了一個介紹，尤其是御窯，明清以後在景德鎮生產的一些重要瓷器都有展示，所以在這裏面的國寶級文物相當多，大家非常喜歡。收藏瓷器的香港收藏家也多，光是敏求精舍的會員都不知道去過多少次。所以我們把陶瓷作為一個專題。

第四個展廳也是一個特殊展廳，這個展廳只有三件文物，用很深入的展覽方式去解讀、展示清朝皇帝和皇后的肖像。清朝的帝后的肖像，從乾隆皇帝以後就開始用畫的。肖像本來不是拿來展覽的，而是每年春節以後拿出來擺在壽皇殿裏，壽皇殿就在景山後面，讓皇帝的子孫們祭拜、祭祖。中國人過年總要祭祖，就是皇家祭祖時用的，把先帝后的肖像都擺出來，之後就捲起來。一般是不給別人看的，只有很內部的人才能看到，當然現在是在博物館，所以我們能展示。這是首次有系統地把這些帝后肖像都拿來香港展覽，把皇太極和他的皇后的肖像一起放在展廳。為了做這個展覽，我們利用很多圖像，對清朝的服裝做了很多介紹。同時讓香港的觀眾有機會看到這些皇帝和皇后的真容。香港人看了很多清宮劇，皇帝皇后特別漂亮，那是演員演的，展覽中的是真正的皇帝皇后。我們有一個圖片展示，把歷代皇帝都展示出來，有的皇帝長相讓他們很驚訝，並且問：「怎麼是這個樣子的？」那才是真正的皇帝皇后。

　　第四展廳還有一個很重要的部分，我們把壽皇殿展示出來，也就是這些肖像是在哪裏展示的，它在甚麼場合展示的，我們以多媒體的方式帶大家去看一下，當年的皇帝如何祭拜祖先的。這個方式很成功，沉浸式地把大家帶進去場景裏，這也是我們展覽的一個方式。如果只是簡單地把肖像掛出來，可能一般觀眾搞不清是怎麼一回事，用這個方式就很好。同時，還有一個讓大家互動的裝置，我們選了很多不同的皇帝生活的肖像，大家可以拍張照片，把自己的頭放在皇帝身上，或者把自己的頭放在皇后身上，很受歡迎，大人小孩都在玩。我自己也

試了一下，把自己放在康熙皇帝身上，還是挺好玩的。這是一個互動的過程。

第五展廳是一個展覽比較新的地方，是追求古今對話的一個展廳，是古代工藝和當代工藝的對話。古代工藝就是從故宮選取了很多珍寶級、國寶級文物，這些器物我們現在叫它「國寶」，它反映的是古代設計師設計了甚麼東西，無論是青銅器也好，瓷器也好，玉器也好，家具也好，都是由工匠根據設計觀念設計出來的。工匠史在中國是一個很悠久的傳統，我們想展示這個傳統，同時也跟香港的工藝師對話。我們請了六七位香港的工藝大師、工藝藝術家來進行對話，一起進行展示，這也是比較成功的一個展覽。

展廳一進門，我們用了圓形的投影，把中國古代的工藝從早到晚的演變，用圖像的方式展示出來，不止是展示器物，而是同時展示每個細節（Element），讓大家看古代的能工巧匠如何創造出這些讓我們今天仍然驚歎的文物。我們選了一批國寶級的文物：青銅器、玉器，還有一些把玩器物。另外還有一個文獻展示，中國工藝從漢朝，甚至更早，一直到清朝造辦處，一直有很多檔案、文獻講解這些工藝，包括造甚麼器物該怎麼做。因為我們是展覽，不能讓大家坐在那裏慢慢讀書，所以弄了一個文字加圖像的方式，加上放在中間的器物，讓大家穿越文獻的走廊來體會古代工藝思想的演變史。中間放了一個瓶子，那是一個玻璃瓶，乾隆時期製造的，代表了當時工藝水平很高的器物。剛好這件器物跟香港又一山人設計的紅白藍藝術品很像，所以我們剛開始展覽時，有一位觀眾抱怨說：「你們這

裏面都是展示很莊嚴的清宮文物，為甚麼放一個又一山人的瓶子在裏面？」我們跟他解釋說這個不是。那件器物其實是清朝工藝大師做的。

走到工藝廳的另一部分，這一區有很多非常重要的一級文物，包括瓷器、漆器、玉器。當時設計之巧妙，工藝之精湛，大家在去這個展廳的時候可以好好看看。我們的設計也不一樣，是一種放射狀的設計，和一般博物館的設計完全不一樣。

第六和第七展廳，簡單來說就是「香港廳」。第六展廳展示香港的收藏家、香港的博物館界為了保存、展示中華文化，在過去一百多年裏的貢獻。香港是一個重鎮，無數國寶過路香港，香港有一批有識之士把它們收藏下來，捐給香港的博物館，讓香港成為展示中華文化的一個重鎮。同時，這裏也展示我們自己博物館的一些創始收藏，現在有一千多件，非常感謝香港幾位重量級收藏家的慷慨捐贈，夢蝶軒給我們捐贈九百多件金銀器。這也是香港的博物館歷史上首次以這個主題來展示香港的收藏史和博物館的一些歷史，所以裏面也有一些一級文物。

創始收藏的分別有夢蝶軒、懷海堂和達文堂，展廳有他們所捐贈的金銀器和瓷器。我們也希望藉這個機會呼籲香港收藏界支持。越來越多人想把自己的收藏拿出來，捐贈給香港故宮博物館，讓市民一起欣賞。這個展廳也是很受歡迎的，很多觀眾都感歎這樣的收藏不得了。香港收藏史很久遠，從一百多年前就開始，早期以外銷畫為主，所以展廳也展示了幾位早期的收藏家收藏的一些以香港為背景的畫，這些都已經捐給香港重

要的博物館。當年在北京祭天祭地的皇家祭器，是香港中文大學收藏的。北京有很多壇，天壇、地壇、日月壇、先農壇等等，皇帝每年都要做很多祭祀，祭祀就要用這些器物，後來這些器物都流散了，有幾位收藏家收藏了很多，我們香港的鍾先生捐贈了一大批給香港中文大學博物館，所以我們也借了六件作展示，也是對北京故宮的一個補充。香港的家具收藏也不得了，兩依藏博物館收藏的明清家具我們也借了一組，大家可以看看，香港收藏家的氣派是很大的。

　　第七展廳也是我們一個促進古今對話的嘗試。香港不止是有收藏家，香港的藝術家也十分活躍。香港歷代的藝術家都在探索當代藝術和傳統藝術的結合，所以我們邀請了六位比較活躍的香港藝術家，用他們的新創作跟故宮文物進行對話，所以這個展廳非常獨特，全是當代藝術，由香港藝術家專門創作。我們特別對這些藝術家提出一個要求，就是一定要跟我們的故宮文物進行對話，要反映香港當代藝術的其中一個方面、一個趨勢。中國古代山水特別強調可遊可居，文人畫也好，山水畫也好，都希望帶你一起遊，但這個很難，沒一定修養的話很難沉浸。洪強先生創造了一種新的水墨藝術，他的作品用了影像形式，觀眾站在旁邊，能看到自己在山水畫裏游動，所以這是一個很好的創作，也很受大家歡迎；梁基爵先生用了一種新的裝置展示古代音樂和現代藝術相結合的狀態；還有吳子昆先生，他做了一個裝置藝術，把故宮的九百多件文物去掉所有裝飾，只留其形，重新以 3D 打印做了模型，無論服裝也好，繪畫也好，都做了校正，然後重新進行裝置，跟古代器物對話，也跟我們的展覽對話，理念上是非常符合當代藝術的，也很受觀眾歡迎。

第八展廳就是很受歡迎的展，也算一個特殊展廳，主要是元代以前的作品，有一部分是唐代的作品，只展三十件，現在是第二期，第三期馬上又來了。這些都很難得一見，每件都是一級文物，各位可能看過第一期了，第二期不知道各位看了沒有，沒有的話要抓緊時間，因為展出過的文物一般三至五年，甚至十年內都不會再展出，有些可能一生只見一次。這些文物相當多都是中國美術史上的經典，是修讀中國美術時讀到但見不到真跡的東西。我們在設計上也做了一些調整，通過各種各樣的窗作為裝飾，以屏風的方式來給大家進行展示和介紹。沒想到我們這個設計也受到歡迎，很多人專門到這裏「打卡」。我昨天見到一個朋友，他說這是八卦式設計，他進去感覺像在八卦陣內走來走去一樣。這我倒是沒想到，有時候我們的設計也會引起大家的興趣。

　　我向大家簡單介紹其中兩個展品，第一個是王羲之《雨後帖》的宋代臨摹，是書法史上的經典，在第一期展覽很受歡迎，現在正在展他的《蘭亭集序》，是個唐代的摹本，也是很受歡迎。另一個正在展出的是顧愷之的《洛神賦圖》，這是一幅長卷，來參觀的朋友基本都是來看這個。可能學過中國文學或中國歷史的人都能夠把《洛神賦》背下來，或者能背幾句，顧愷之這幅畫也是大家非常熟悉的，它在中國美術史上非常重要，描寫了一個很浪漫的愛情故事。從他的這幅畫開始，中國的藝術家有了一個關於怎麼畫仙女或者美女的形象的模版，一直影響到現代，包括張大千都是以此為依據，這成為了一個《洛神賦圖》現象。這是最經典的一幅作品，看了好幾遍還想看。

最後一個展廳——第九展廳，這是我們要進行中外對話的另一個重要嘗試，以馬文化藝術作為主題，把全世界各地與馬相關的文物放在一起展示，當中涉及到很多小主題。這個對於香港特別適合，香港人特別喜歡馬，而且香港故宮博物館就是賽馬會資助的，所以這個主題選得特別好。我來香港的時候，這個主題基本上已經確定了，我非常高興，我本來就是屬馬的，我從來沒做過一個馬的展覽，真是太巧了，所以做起來也特別用心，對這個展廳比較關注。展廳的思路不止是故宮的文物，同時還有羅浮宮的文物，我們雙方談了很久才把兩個重要的部分，一個代表中國的博物館、一個代表西方的博物館的兩個收藏放到一起。香港故宮要成為世界一流博物館就要展示世界一流博物館的藏品。

第一期展覽展出了元末明初大畫家趙孟頫的《人騎圖》，這是中國美術史上的經典之作，有很多重要的意義，反映了趙孟頫對唐代藝術的仰慕，同時也開創了一種新的、畫文人騎馬的一種畫風，對後代影響深遠，一直延續到今天。你看畫上有好多印，歷代內府、各大收藏家都收藏過，傳到乾隆手上，乾隆皇帝得到這幅畫是最高興的，但對它的破壞也最大，蓋滿了印，還寫了一個跋，改變了這幅畫的樣貌，但還好他沒在人臉上蓋個印，我們至少能看清畫的形象。

另外展出的是郎世寧畫的乾隆的「獅子玉」，乾隆有十四匹馬，都是駿馬。這是 1:1 的比例，非常大，應該是故宮館藏的最大的一幅畫之一。為了展出這幅畫，我們也做了很多設計上的考量，不僅展出這幅畫的氣勢，又不對它造成損傷。它一個

月後就撤走了，換上《大閱圖》。這個展廳也展出了很多羅浮宮的大件收藏，其中一件與希臘羅馬神話有關，對半人馬形象做了一個表現。這個展裏不止有乾隆皇帝、康熙皇帝，還有法國的路易十四。古代的帝王，在現代汽車出現之前一定要有駿馬來展示他威武的形象，所以裏面就是一些與帝干相關的藝術品，比如路易十四的雕像。路易十四很有意思，這個國王也是法國歷史上很重要的太陽王，他非常好古，喜歡羅馬皇帝，因此他這個形象也塑造成羅馬皇帝的形象。展廳裏產生了很多皇帝的互相對話。

我簡單地向各位校長、老師介紹我們故宮開幕展的思路，以及一些重要的展品。未來我們會沿着這個思路繼續做下去，有幾個展覽會不斷地換展品，也會換展覽主題。香港故宮博物館既然已經建成，要成為香港一個重要的地標，我們的使命和願景是不變的，重點在於研究和展示中華文化，也要保有香港特色，促進世界文明之間的交流。希望可以和各位校長、老師未來多合作，今天先講這些，謝謝。

國旗、國歌與升旗禮

許振隆校長
香港教育工作者聯會黃楚標中學校長
香港升旗隊總會創立人

對於國家象徵 —— 國旗、國歌、國徽，大家都應該耳熟能詳。這兩者放在一起，便會成為一場隆重的、莊嚴的升旗禮。

雖然升旗禮只有短短幾分鐘，但我相信通過升旗禮，可以帶動大家的感知和感受，甚或國民情意的提高與國民身分的認同。眾所周知，教育局價值觀教育框架裡面的十項首要價值觀，當中「國民身分認同」便是重中之重。這項學習宗旨，並不是今天才有，早在二十多年前香港課程改革時，已經列出。

每一個國家都有國旗，那麼中國甚麼時候有國旗呢？過去中國的旗幟較多都是三角形的，就像我們春節舞獅團隊所用的三角旗。中國有國旗的日子並不長，1862 年才有清朝官方旗幟，到了 1888 年，才確定「黃龍旗」為清國旗。所以，中國有國旗的歷史一點也不長。

國旗是一個國家的標誌性旗幟，等於一間學校有校旗。通

過國旗，我們可以從它的樣式、色彩、圖案上找到一些信息，了解這個國家的歷史文化。所以，每一個國家的國旗是國家的標誌，象徵了主權和尊嚴。

1949 年 1 月，解放軍進入北平，其後就開始籌組成立新中國。當年這個消息傳遍世界，在《人民日報》的頭版，也刊登了香港民主人士致電毛澤東，「擁護中共五一時局主張」。可見，香港一直有參與國家的發展。

1949 年 6 月 15 日，中國人民政治協商會議在北京舉行第一屆會議籌備會，第二天（16 日）就決定成立「國旗、國歌、國徽圖案初選委員會」，即第六小組。籌委會成立後，由 7 月 15 日開始登報徵集國旗、國徽圖案，以及國歌的歌詞、歌曲。

8 月 20 日截止，共收集了國旗稿件 1920 件，圖案 2992 件，最後精選出 38 幅圖案，編成了《國旗圖案參考資料》。當時呼聲最高的，並不是今天的國旗圖案。不過到了 9 月 25 日這天，有一個轉折性的變化。毛澤東、周恩來和一批人士討論究竟選用哪個圖案，會上有人提議：「不如大家看看這個 32 號的國旗，因為它和其他國旗有一些分別，而且顏色構圖比較好。」最後，會議一錘定音「不如我們就選 32 號這個吧」。根據民主程序，在 9 月 27 日會議上通過國旗設計。

過去有教科書指四顆小星代表着四個階級：工人、農民、城市小資產階級和民族資產階級。其實在 1949 年 9 月 27 日中國人民政治協商會議表決的時候，就確定了不再這樣定義。因

為當時毛澤東說，社會會一直變化，將來會有很多不同階級，怎麼可以用一顆星代表一個階級呢？所以就明確用一句說話總結這四顆星的意思——代表革命人民。所以五星紅旗的定義就是：在中國共產黨領導下的革命人民大團結。決議案上指出：「中華人民共和國的國旗為紅地五星旗」，「紅地五星旗」後來才將它簡化為「五星紅旗」或「五星旗」。

國旗的設計，我們需要掌握三點資料：第一，它叫做「五星紅旗」；第二，它的形狀和顏色兩面一樣，並且兩面的星都是相對的。第三，紅色代表革命，黃色是為了在紅地上顯出光明。

我們將國旗對摺兩遍，你會發覺國旗的五顆星在旗的左上角四分一。如果我們按格子劃分，橫十五格，直十格，你會看到每顆小星的尖是對着大星的中心，在 1949 年，已經頒佈了一份「國旗製法說明」，大家可以參照來繪畫國旗。

國旗還有一個特點，它是三與二之比的長方形。國旗包括旗杆套，但 3:2 不包括白色旗杆套部分。一般旗幟都會有旗杆套，作用是穿着短杆，這個是標準用法。

國旗到底有多少種尺度呢？過去國旗規範了五種尺寸，由一號至五號，一號最大，五號最小。不同場地的旗杆，要使用不同尺寸的旗幟，所以操場一般會用二號旗，禮堂會使用三號旗。《中華人民共和國國旗法》列出每一種標準尺度，如果有需要亦可以按比例去縮放至合適尺度。

國旗的設計者是曾聯松。1949 年徵集國旗設計的報紙廣告發佈後，他就決定要設計國旗。根據他自己的描述，他認為要為新中國成立盡一點力，所以他設計好之後就寄去應徵。直到 1949 年 9 月 28 日，《解放日報》刊登了他所的設計國旗圖案。1950 年，即新中國成立一周年，他收到中央人民政府的信函，說明他的設計被選用為國旗，並且送給他五百萬元人民幣。他給中央政府回信，認為自己的「設計是談不上甚麼貢獻」，他如此謙遜，值得我們去欣賞。大家有興趣的話，可以閱讀《國旗人生》這本書，裏面介紹了他整個成長經歷，以及設計國旗的想法。

　　1935 年，電影《風雲兒女》的主題曲，由聶耳作曲，田漢作詞，原本聶耳的手稿只稱為《進行曲》。後來電影導演朱慶瀾將軍加上了「義勇軍」三個字，成為《義勇軍進行曲》。

　　在學校舉行升旗禮，由《歌唱祖國》啟奏，升旗隊出場，接著升國旗、唱國歌。國歌規範的時間是 46 秒，所以整個過程在三分鐘之內完成。在學校舉行升旗禮，有很重要的意義。第一，國旗是國家的象徵，可讓師生增進國家情懷；第二，我們在學校舉行升旗禮，把它作為經常性和嚴肅的事情；第三，在學校舉行升旗禮，可以維護國家尊嚴，增強學生的國家觀念。

　　在學校升掛國旗，今天已經成為一個標準，這完全有法可依。《中華人民共和國國旗法》第七條和第十四條清楚列明，全日制的學校應該每天升掛國旗，中小學必須每週舉行一次升旗儀式。幼稚園如果有條件的話，應該依循中小學的模式。在香

港為甚麼要遵循《中華人民共和國國旗法》呢？因為《基本法》附件三的第六項就是《中華人民共和國國旗法》，而根據《基本法》第十八條，全國性法律，香港是需要執行的。那就是說，我們根據《基本法》，學校需要升掛國旗。

前兩年香港通過了《國旗及國徽條例》，在《國旗及國徽條例》第 7A 條清楚列明中小學的國民教育，我們都需要跟從。

升旗禮究竟要怎樣舉行呢？當國歌奏響，國旗升起，我們應該自覺作出應有的禮儀，包括面向旗杆，不交談、說笑、走動等，自覺肅立、脫帽、行注目禮。國歌配合國旗升起，我們應高唱國歌，展現一種崇敬感。

國旗與國歌，構成莊嚴的升旗禮，我們作為教師，知多一點國旗和國歌的內容，掌握它的法理依據，培養學生應有禮儀，便是最佳的國民教育。

透過建立升旗隊帶動國情教育

徐區懿華校長 （下稱：徐）
福建中學附屬學校校長

崔嘉誠老師 （下稱：崔）
福建中學附屬學校升旗隊負責老師

徐：在一間學校，我沒有辦法可以很快地設立一個課程，沒有辦法可以很快地有很多人準備好做好升旗禮。那麼，有沒有一樣東西是我可以用最少的力氣就能手到拿來，然後開展這個工作呢？最簡單的做法，由於這間學校當時的升旗禮大概一個月進行一次左右。如果下雨或者放假就會取消，當日就會沒有升旗禮，其實這會令整個氛圍都缺了一點甚麼。於是，我做的第一件事情是規定每個星期都一定要升國旗。當時的升旗禮，我們已經有少許準備，可以升旗，但不是一個很莊嚴的升旗禮，在每個星期都舉行。一開始很多同事很不習慣，他們會覺得下雨、放假就不用舉行，但漸漸就會發現，尤其是夏天，其實現時 9 月仍然是夏天，一直不舉行的話，可能整個月都沒有升旗禮。直至過了端午節之後，夏天來了，不停地下雨，又不用舉行了，還有過年，又舉行不了升旗禮。所以，第一件我們改

變的事就是，如果在下雨天，就算不可以在操場升旗，即使是播放影片都要升旗，堅持每個星期升國旗，去營造氛圍；第二，我們逢星期一升國旗，如果剛好星期一放假，之後上學那天會即刻升國旗。如果是考試週，星期一也不升旗，考試考到星期二的話，星期三我們就立刻升國旗。我們的做法就是不會跳過任何一次升旗禮，總之一定補回來。

另外，人從何來？依我自己的情況，坦白說，學校事務千頭萬緒，我無辦法單靠自己親力親為去香港升旗隊總會學習，回來又帶領同事。其實我作為校長，在學校裏面就是打仗，又要改課程，又要進行老師培訓等等很多方面的事情。當時我這樣想：如果我的同事有制服團體的背景，其實整件事是會進行得很快的。於是，我數數手指，我們學校有紅十字會少年團、幼童軍、小女童軍；另外有一些同事有制服團隊的背景，譬如崔嘉誠老師有一個醫療輔助隊的背景，還有關敬羲老師，他是我們的老師，他都有資深的紅十字會背景。他不只帶領我們的紅十字會少年團，而是他自己本身在紅十字會很多年。於是我就找這羣同事談談，解釋我們這份工作的重要性。

我邀請了學校所有帶領制服團隊的同事都幫忙去帶領升旗隊，數一數也有十個八個，女童軍有三個，男童軍有兩個，紅十字會有三個，加上崔老師、關老師、副校長和課外活動主任全部一起。有了這一羣人，他們對制服團隊有一個初步的概念，他們去學習可以很快上手，我們很快就

將他們送去香港升旗隊總會接受訓練，整個升旗隊很快就組織起來了。有了升旗隊之後，就和以前相差很遠，起碼升旗的時候，學生都真的穿着一件雄赳赳的制服，這是第一。

第二，我很感謝許振隆校長，我經常都認為他是前輩、師兄，他經常和我聊天，教我如何做好這些事情，因為以前我們屬於同一個機構，是我工作上的前輩。我就請教他：「升旗隊可否再做好一點呢？」他就建議我做步操樂團，我們學校的樂團當時還未起步，沒有太多學生懂得玩樂器，但原來成為步操樂團是不需要音樂根底。只要你肯來參加，有一件樂器在手，就能夠「一曲走天涯」，那就是《歌唱祖國》和國歌，這兩首最基本。原來學生真的很快就能夠吹奏到，於是整個升旗禮的場面就變得很莊嚴、很肅穆。每一次有升旗禮的時候就由步操樂團負責演奏，然後有同學負責升旗。

當然，一開始的時候一定不會做得很好，都有很多錯漏，但是其實升旗隊的本質不只是擔當一個負責升旗的角色，因為我的另一個工作目標就是希望透過他們帶動全校的國民身份認同的氣氛。如果我們這羣升旗隊隊員沒有自豪感，沒有覺得自己是一個先行、先試的角色時，我們的目的就不可能達到，所以當時學校都有幾項措施：第一，升旗隊隊員的制服，直至今天，全部都是學校送給他們的，這是一個宏願——由於你們願意在這份工作上付出，所以那套制服由學校送給你們。第一套是由學校送給他們，如

果之後不合身，需要再換，就視乎經濟狀況，如果真的有經濟困難，我們都會繼續送。

第二，我們可以看到升旗隊的同學一步一步地進步。一開始的時候不是做得最好，但是你們可以見到在升旗的過程中，當然，在正式升旗的時候，不會預計同學會有一些額外的動作，但是當你在日常的生活裏面，在升旗的過程中，若然他們看到旗幟卡着或者出現任何問題，旁邊的同學都會很自覺地幫忙，甚至曾經出現一些「論盡」的情況，老師會即刻走出來幫忙，更多時候是同學之間互相支持。我會抓緊這些 teachable moment，即是教學的時機，因為我們在露天操場升旗，其實後面的同學看不到前面的同學發生甚麼事，但我站在前面就看得很清楚，我就會將我看到的告訴他們：剛才升旗的時候遇到一些小意外，但同學都處變不驚，他們互相幫助去克服困難。全校同學都給予掌聲，透過這些一步一步地建立他們的榮譽感。在外面參與步操比賽，如果贏了，我們會表揚；如果沒有贏，我們就告訴大家，他們在很熱、很曬的天氣下如何努力，希望下次爭取更好的成績。

我們由港式步操轉到中式步操的時候，那又是另一個考驗。因為即使我們的老師有制服團隊的背景，但是始終我們大部分人對中式步操都不是最熟悉，我們很感謝崔老師和關老師兩位很快就自薦：「我去學習回來再教導學生」、「我去幫助其他同事」……甚至我們最近都不斷舉辦這類型的講座，幫助其他學校，包括如何幫助學生由我們本來的

步操方式轉變到中式步操、中間的難處是甚麼，他們兩位很清楚。我們亦歡迎稍後崔老師分享完畢之後，大家可以和他交換一下聯絡方法，看看如何可以支援大家。

有了升旗隊之後，基本的大氛圍已經存在，但並不足夠，因為單靠一個星期升一次國旗，難道學生真的會見到國旗升上去就流下眼淚嗎？這件事情是不會發生的，因為他根本沒有那種感受，就算他知道中國在苦難中掙扎求存，現在站了起來，也不會每次對國旗有感受，繼而由心而發地產生一種尊重的感覺。如果沒有這種感覺，我們任何一種形式都是沒有作用、沒有意義的。所以，接下來我們需要做的就是在我們的課程裏面，看看有甚麼是能夠做的。

我們學校有一科叫做「文化科」。「文化科」，顧名思義就是學習和文化有關的東西。因為我們是一所英文學校，所以這個文化科就明顯不是指國際的文化，而是專門講授中華文化。至於其他國家的文化，我們會透過其他科目教學生，但這個文化科就包含了很多東西，譬如中國的歷史、地理、偉人、發明，以至近代的發展，譬如如何推翻帝制、建立新中國、國共內戰，我們都會去講，然後去到《基本法》、香港回歸、「一國兩制」，去到中國近代的發展，譬如和其他國家、地區的一些經濟合作關係，包括內地給香港的一些優惠（如 CEPA），又或者是大灣區、一帶一路等等，全部都有包含在這個課程裏面。

有了這個課程之後，我們就需要有老師。其實懂得中文的

老師就可以去教，不過你未必講到深入和準確的內容，於是我們又邀請了一些資深的老師。當時我邀請了我們的前副校長，他在國情方面非常熟悉，他幫助我們檢視教材和培訓老師，讓我們有足夠的師資可以去教一個文化科的課程，再加上整體的氛圍，我們作為一所英文學校，學生仍然對國家充滿了感情，亦對國家有深刻的認識，並不會因為這是一所英文學校，就背棄了自己的國家民族，不去學習它的特色等等。

接下來的時間我就交給崔嘉誠老師，讓他和大家講解一下他在建立升旗隊隊伍的過程需要做甚麼，交給你，謝謝。

崔：很高興在這個下午這個時間和大家分享一下我們學校的升旗隊。一會兒會和大家分享《如何在學校成立升旗隊伍》這主題，首先會有少許簡介；關於訓練模式及導師安排、步操及升旗技巧的訓練，另外我們會講到我們做這麼多外顯的行為上，如何內化給升旗隊隊員，讓他們對升旗隊和國家有歸屬感；亦會有一些講解國家知識的課堂示例，最後更會跟大家分享一下不同的得着，事不宜遲，其實香港升旗隊總會的資訊，我想大家都好清楚，詳情可以瀏覽總會的網頁。

總會成立於 2002 年 7 月 1 日，主旨是希望去推廣升掛國旗的文化，格言就是「以國為榮，為國爭光」，裏面有不同的方向，希望推廣國民教育、培育青少年領袖。隊伍方面亦有青年隊、成人隊、步操樂隊等。其實多元化活動及訓練

都很重要，很多時候大家講起升旗，是否只有步操和升旗呢？其實不只這樣，還有很多其他的訓練，包括個人的、領袖的，可能是技巧上的，又或者是團隊合作，還有對國家的知識、歷史上的學習、導師的認證課程、興趣訓練都會有。

剛才我很快地簡介了總會的活動，然後就去到平日我們學校的訓練模式和導師安排。我們有五天，星期一至五，基本上是逢星期一的早會就會有升旗禮，剛才提到可能有些考試週，可能在星期二才完成，我們就會緊接着星期三上學時進行升旗禮，但是一般都會在星期一進行。我們升旗隊的課外活動會在星期一下課後進行，好處是因為我們已穿着制服，下課後都是一起穿着制服去參加集隊。另外，我們星期二至星期五的早上七時三十五分至七時五十五分，我們都鼓勵隊員主動、自由參與練習，進行步操和升旗的訓練。我們每天都會安排老師當值，同學可以自由參與，當然我們都有條件，如果你想在星期一或者重要的場合做到旗手或司令員的話，平日回來訓練都好重要，其實都是一個小小的推動力。另外還有一些特定的時間，例如運動會、檢閱禮之前，我們都會有額外的加操。

導師的安排，一開始的時候我們都不是很熟悉如何去營運一隊升旗隊，所以都和香港升旗隊總會有密切的溝通，特別需要總會派員到校進行一個訓練，直至現在都會有，可以跟總會那邊申請「導師到校培訓」。過往我們安排總會派導師來教導隊員一些基本知識和步操技巧。其實我們學

校的老師都不是將學生交給總會的導師就自己離開，我們基本上全程都和隊員一起，在旁邊學習一下導師是怎樣教的，以及讓隊員知道我們都是一起學習、一起成長的，不是只有他們做，我們老師都會以身作則。

關於步操及升旗技巧的訓練方法，有兩大類：第一類，我們總結同事的經驗，我們會有小組練習，包括步操的訓練方法，然後會有小組的領袖去指導其他新入隊的隊員，完成之後就會有小組的競賽，有兩至三組一起去比較一下剛才指定向前邁步的步操方法，到底誰會做得比較整齊和仔細，然後會給他們正面的改善建議，以及向他們表達欣賞。最後亦會配合學校的獎勵計劃，如果是冠、亞、季三組，我們都會派發一些獎勵貼紙予他們。你們也可能會想到：這些小組的訓練方法都很需要隊員已經對步操技巧有一定的熟悉，才能帶領其他隊員，萬一沒有人認識如何去做這些動作，該怎麼辦呢？所以有第二類方法，就是由老師去進行指導。

其實我們都想把握很多不同大型活動的機會，鼓勵隊員多些參加活動，將平時的訓練在那些隆重的日子或比賽中展現出來，譬如「全港中小學旗手護旗比賽」、週年檢閱禮、或者很多不同的升旗儀式的時間，如元旦、「七‧一」、「十‧一」、「五四運動」紀念日、國家憲法日等等，我們都會儘量鼓勵隊員參與，還有中國文化日、學校運動會，我們都有鼓勵隊員進行一個「國旗下的講話」，在星期一大家都聽校長講了很多「國旗下的講話」，隊員在吸收了很多知

識之後，到了隆重的日子，都希望隊員可以分享他們對國家的感情。

當我們集隊的時候，不會只講步操、升旗，我們都會告訴隊員有關國家和歷史知識。如何去鋪排一個簡潔的五分鐘課堂呢？第一，我們要有明確的學習目標，告訴他們這一次集隊我們要學習甚麼，例如升掛國旗的意義、國旗的象徵和規格，以及參與升旗禮應有的禮儀。接着就是引起動機的問題，問問隊員：「你在哪裏見過升掛國旗啊？」讓他們分享一下。我羅列了一些，例如 2020 年奧運會中國第一金頒獎禮，中國在奧運會奪得第一面金牌，「為甚麼會在這麼隆重的場合升掛國旗呢？」希望將知識點和生活連結，然後總結一下，在課堂上展示我們在學校不同場合進行升旗禮的相片，令他們感受升掛國旗和自己有關係，例如是開學禮、運動會，或者是參與外間的大型升旗禮。在引起動機之後，就開始小結一下：「為甚麼要在重要的日子升掛國旗呢？」然後學生就會準備好，真的想知道為甚麼會有那麼多升旗禮，之後我們才帶出一些訊息。我們會標出一些重點字，希望他們在下課之前會記得，例如國旗象徵着一個國家的主權和尊嚴。

接下來就是我的個人分享，我也寫了一個題目，就是「升旗隊與我」。為甚麼會用這個題目呢？因為每年香港升旗隊總會都會發信邀請每一個隊伍去提名優秀隊員，如果獲得邀請和嘉許的話，小學隊員需要寫一篇不超過二百字，題目叫做「升旗隊與我」的文章。另外，我們學校也會為步操

樂團和升旗隊舉辦一些交流團，以鼓勵和吸引多些人參加升旗隊。升旗隊隊員可以優先參加這些交流團，我們過往去過四川，那時候高鐵剛開通，我們第一時間就去申請，隊員去到四川看到熊貓都很開心。另外，我們學校還有制服團隊訓練營，所有的制服團隊都會去這個訓練營，升旗隊隊員都是優先的，因為學校有很多不同的制服團隊的學生，所以都是提供一個誘因讓學生去參加升旗隊。另外隊員也會接受不同傳媒採訪，他們都會覺得做到這件事也是一個成就。

我自己都會多了機會參加總會的活動或服務，譬如一些考察團，都挺有意思的。我也見到一些已畢業的隊員很積極，每次參加活動我都會說：「咦！又見到你！」我沒有出席的活動，他也有出席；我有出席的活動，也見到他有出席，可見我們的隊員不只為了達到老師的要求，而是已經「入心」了。

另外，有一些大型活動需要攝影，我亦會去幫忙；遇到頒獎禮需要義工幫忙，我也會去幫忙。去年有一個「導師認證課程」，對校長和導師來說都挺辛苦的，在暑假期間，差不多每個星期日的下午都去學習一些步操技巧，不斷練習。我用幾句說話去總結一下，就是在去年的認證課程中的宣誓儀式上講到的：「以身作則，履行義務，勇於承擔，勤奮學習，服務社羣，貢獻國家，以國為榮，為國爭光。」我也希望自己不斷朝着這個方向去做，能夠成為隊員的學習榜樣，希望能夠帶領大家一起做到。我的分享就到這裏。

國家象徵知多少？

許振隆校長
香港教育工作者聯會黃楚標中學校長
香港升旗隊總會創立人

　　國家象徵，包括了國旗、國徽和國歌。它是一個國家的意象符號，也是一個國家民族的象徵，它們往往蘊含了對國家的情感。每一個國家都重視國家象徵，因為它可以增強國民的自豪感和提升愛國主義精神。我們把這種象徵放到一所學校去，正好像學校的校徽、校旗和校歌。它們的作用，也是為了增強師生對學校的自豪感和歸屬感。此外，國家象徵都在法律條文裡有規範和依據，代表了國家的主權和尊嚴。

國旗

　　國旗是一個國家的標誌性旗幟，所以當我們看到國旗的時候，就會聯想到這個國家。正如當世界盃比賽時，你看到某一面國旗，便知道它代表哪一個國家。每面國旗上的顏色、樣式和圖案，往往反映了這個國家獨有的政治文化和歷史文化傳統。每面國旗都有很豐富的意涵。

1949 年 9 月 27 日中國人民政治協商會議第一屆全體會議上通過，選定了由曾聯松設計的五星紅旗作為中華人民共和國國旗。國旗的誕生過程相當複雜，從 1949 年 1 月解放北平後，4 月份已經籌備開國大典，而第六個小組就是負責國旗、國歌、國徽的徵集和設計工作。

　　大家都知道，國旗是曾聯松所設計的。但他並不是一個藝術家，而是一個會計文員。他在上世紀 30 年代，歷經國家的苦難，看到國家如何被列強欺負，因此他懷著救國的心，希望令國力變得強大。最初他報讀大學想以理科救國，後來他認為要改善國計民生，必須從經濟着手，於是轉讀經濟系。

　　曾聯松一生最大的成就，就是設計了國旗。國旗稱為「紅地五星旗」，現在簡稱「五星旗」或「五星紅旗」。上面那五顆星，大星代表中國共產黨，其他四顆小星則「象徵中國革命人民大團結」。

國徽

　　國旗代表了國家，而另一個靜態的國家象徵就是國徽。

　　國徽相對於國旗，是日常生活中比較少見的國家象徵，它主要在政府總部和出入境口岸才懸掛。過去立法會會議廳只懸掛區徽，現在則在區徽上方懸掛了國徽。此外，政府舉辦的重

大宣誓儀式，必定在會場懸掛國徽，所以國徽在香港出現的場地也比以前多了。至於日常接觸較多的特區護照和回鄉證上，其實也印有國徽。當你回內地交流或探親時，所用的人民幣上面，同樣也印有國徽。所以，國徽是國家象徵的一個很重要展現。

國徽看起來只是一個圖案、一個證章，但實際上它和圖案不同，它是國家的徽章、紋章，它由國家法律正式規定，作為代表國家的標誌。我們看看中國的國徽，它左右對稱，以紅色和金色為主，上面包含了五大元素：五星紅旗、天安門、麥稻穗和齒輪，而麥稻穗和齒輪用中國人喜慶的紅綢縭着，所以國徽在世界上是獨一無二的，在美學設計上含意亦非常豐富。

國歌

視覺上見到的國徽是靜態的，國旗是動態的；而國歌則要用聽覺去感受。國歌是由國家正式規定，代表國家的歌曲，在隆重的集會和國際交往儀式等場合上使用。國歌能激勵人心、增加凝聚力，所以都帶有愛國色彩，藉此喚起國家情懷。

我們的國歌創作早於新中國成立，1935 年原是一套電影《風雲兒女》的主題曲。看看當年聶耳歌譜的手稿，你會發現歌曲名稱是《進行曲》三個字。後來，出資籌拍這部電影的導演朱慶瀾將軍在聽過以後，為這首曲的名字加了「義勇軍」三個字，稱為《義勇軍進行曲》。

這首歌從上世紀 30 年代開始風靡全國，以至全世界。大家很難想像，一個國家的國歌為甚麼會風靡全世界呢？其實它有一段很重要的歷史，將來有機會再和大家分享。國歌的作曲人是聶耳，作詞人是田漢。

知法守規

簡介了國家象徵的內容後，我們去了解一下和它們相關的法律法規。

國旗、國徽和國歌全都有法律基礎。

1949 年 9 月 27 日通過的《關於中華人民共和國國都、紀年、國歌、國旗的決議》，是第一份直接相關的憲制文件，當中包含了國歌和國旗。因為國徽到了 1950 年才設計完成，所以這份文件沒有提及。另一個憲制性文件是 1954 年 9 月 20 日通過的《中華人民共和國憲法》，它是中國第一部憲法，當中第四章就寫了首都、國旗和國徽。這部《憲法》沒提到國歌，因為當時《義勇軍進行曲》仍是「代國歌」。直至 2004 年，國家通過《義勇軍進行曲》作為國歌，正式寫進了《憲法》第四章。

為國家象徵所立的法規，往後陸續出現。1990 年 6 月 28 日國家頒布了《中華人民共和國國旗法》，用以維護國旗的尊嚴，規範國旗的使用；1991 年 10 月 1 日訂立《中華人民共和國

國徽法》，以維護國徽的尊嚴，規範正確使用國徽；最後 2017年 9 月 1 日通過《中華人民共和國國歌法》，對國歌的奏唱場合、奏唱禮儀和宣傳教育進行規範。這些法規都有助增強公民的國家觀念，弘揚愛國主義精神。

國家施行的這些法規，香港要遵守嗎？答案是需要的。1990 年 4 月 4 日頒布的《基本法》，第十八條寫得很明確：「凡列於本法附件三之法律，由香港特別行政區在當地公布或立法實施。」《基本法》附件三裏面明確列出《中華人民共和國國旗法》在 1997 年 7 月 1 日生效，而回歸當天也於《基本法》中列出了國徽的法規。所以從二十五年前香港回歸那一天，《中華人民共和國國旗法》和《中華人民共和國國徽法》都已需要執行。香港特區政府訂立了《國旗及國徽條例》，在回歸當天生效，直到 2021 年因應社會的需要，修訂為現時的《國旗和國徽（修訂）條例》。2017 年通過了《中華人民共和國國歌法》，也增加在《基本法》附件三裡。其後，香港訂立《國歌條例》，在 2020 年 6 月 12 日正式生效，對於在香港奏唱國歌、保護國歌以及推廣國歌訂定條文。

今天我們知道國旗、國徽、國歌全部都有法律依據，你可能會問：我們知道那麼多條例和我們從事教育工作又有甚麼關係呢？那麼你只需要記下六個數字便可以了，就是教育局的通告第 11/2021 號，它清楚說明學校需要如何升掛國旗、何時奏唱國歌，所以剛剛那些是法律條文可以是一種依據。

感人至深小故事

國旗、國徽、國歌的故事很多，今天我想和大家分享三個。這三個故事都令人感動，也讓我們思考想事情與做事情的寬度和高度。

過去的教科書，世界最高峯 —— 珠穆朗瑪峯的中文譯名是「額菲爾士峯」。原因是他在英國人的紀錄裏面是第一個攀上這山峯，所以就用了他的名字來命名。其實「珠穆朗瑪」這個名字來自藏語，傳統居住在西藏的人都這樣稱呼。即使你是 70 年代或 80 年代初在香港受中學教育，今天也應該稱它為「珠穆朗瑪峯」。

珠穆朗瑪峯在中國和尼泊爾的邊界地方，尼泊爾在西方國家的唆使下，想把國界擴到珠穆朗瑪峯南面，產生了邊界糾紛。他們的理由是中國人都沒曾爬上過峰頂，怎證明這是中國的土地？尼泊爾在新西蘭的攀山專家幫忙下，從南面的山坡上到頂峯，北面的山坡非常陡，所以從來沒有人從這面登上山峯。當年國家的經濟條件非常差，又沒有攀山經驗，也沒有裝備，只憑一個信念去攀，就是堅持。

國家決定派員去歐洲買裝備，用了當年七十萬美金。以當時的標準來計算，兩個人一年吃的大米只花十元，所以那個數目是一個天文數字。國家組成了攀山隊，經過幾次特訓後就決定爬上去。爬到 8500 米高度的時候，遇上了今天的攀山家都上

不去的「第二台階」。當時只剩下屈銀華、貢布、王富州和劉連滿四名攀山員，能堅持到這處近 6 米高的垂直岩壁。劉連滿決定自己造人梯底座，讓其他三位用人梯的方法爬上去。第一個爬上去在岩壁上打鋼錐的是屈銀華，他不忍心雪鞋底的尖釘子踩在劉連滿肩膊上，便把雪鞋脫掉。結果當他下山後，十根腳趾因凍壞了而要切掉。1960 年 5 月 25 日凌晨 4 時 20 分他們登頂，匆匆拿出國旗連同毛主席像，用幾塊石頭壓在頂峯，便下山找回自己的戰友。他們奮不顧身要在頂峯放下國旗，只是為了證明珠穆朗瑪峯是我們的國土。國旗對一個人的意義，最重要是看你對國家的承擔。

1949 年開國大典閱兵的時候，天安門城樓上第一道簷和第二道簷中間掛了一條橫幅，原因是當時仍沒有國徽。所以，你可以很有信心地告訴學生，這張照片是在 1950 年國慶前拍的。

天安門城樓的國徽，到今天共懸掛過四枚。1950 年 8 月 18 日，國徽石膏模型獲得批准，本打算鑄造一枚金屬的國徽掛上去，可是距離國慶一周年只餘下 40 多天，根本來不及製作。結果，9 月 30 日在天安門城樓掛上了木製的第一枚國徽。1951 年五一勞動節前一天，直徑 2.4 米，重 487 公斤的金屬國徽被換上了，成為第二枚掛在天安門城樓的國徽。到了 1969 年底天安門城樓重建，相隔一百一十二天，在 1970 年 4 月 7 日換上了一枚新的木製國徽，成為第三枚國徽。這枚國徽從 1970 年掛上天安門城樓後，歷時四十九年，到 2019 年國慶七十周年才換上第四枚國徽。現時天安門城樓的國徽，高 2.67 米，寬 2.48 米，預計可以懸掛五十年。

國徽由清華大學營建系和中央工藝美術學院兩個團隊作最後設計，結果清華大學團隊獲勝。這個團隊領軍的兩個人物，非常值得我們欣賞，男的是梁思成，女的是林徽因。他們在美國修讀建築系課程，學成回國，更跑遍全國為木建築作了很多研究。他們雖然在外國接受教育，但始終不忘自己的國家。這對夫婦的身體都不好，梁思成臥在病榻上仍用心設計國徽，與林徽因討論。所以，我覺得他們對國徽的貢獻極大。

　　兩秒鐘對我們的人生來說很短暫，但對於國家來說可能一秒鐘已經很多。九七回歸的交接儀式在香港會議展覽中心舉行，中國要求在 1997 年 7 月 1 日凌晨零時零分升起國旗。當年安文彬代表外交部，為了升旗前的兩秒，跟英方談判了十六輪，都不得要領。英國人認為七一回歸，用不著執着於凌晨零時零分。但對我們來說，香港一定要準時回歸。最後安文彬義正嚴詞地跟他們說，英國佔領了香港一百五十多年，而我們只是要兩秒鐘。這兩秒是讓軍樂團指揮一下起棒，一下落棒，然後開始奏國歌。最後，英國人答應了。為了國歌的兩秒準時演奏，安文彬據理力爭。他在多年前一個內地電視節目《朗讀者》中，將整個經歷原原本本地講述出來。正如升旗隊升國旗為甚麼要準時，一秒都不能差，這要讓學生明白時間有多重要，即使一秒都很重要。

　　國歌在 1949 年新中國成立之前，已經唱遍全球。早在抗戰階段，這首歌便在世界各地都有傳唱。1941 年，美國黑人歌唱家保羅·羅伯遜（Paul Robeson），灌錄了一張名為《起來》（Chee Lai）的唱片，內有宋慶齡的序言。保羅·羅伯遜對於

中國受壓迫的情況深有同感，他用漢語來演唱，風靡了美國，也令更多人支持中國的抗日事業，所以他對中國的貢獻也非常大。保羅‧羅伯遜曾希望到中國來，他認為中國和非洲的文化都是源遠流長，有很多合作空間，可惜他在 1976 年逝世，心願沒有達成。

今天我們從認識國家象徵，了解相關法規，到聽聽國旗、國徽、國歌的故事，期望大家好好與師生分享。

承傳國民情意
—— 升旗隊

蔡燕霞女士
香港教育工作者聯會黃楚標學校助理校長
香港升旗隊總會創會副總監

建立升旗隊

2002 年當香港升旗隊總會成立時，我們學校便組織升旗隊，成為香港升旗隊總會全港第一間開立隊伍的小學，也就是小學第一隊，隊號「P001」。這個隊號，對我們的學生和學校都很重要，很有標誌性。

升旗隊在學校的作用

我們成立升旗隊，不少學校都不甚明白，認為隊伍只是在操場主持升旗儀式而已。其實，升旗隊對全校、對教師、對學生都有不同的作用和意義。以學校而言，明顯有四方面：首

先，我們讓所有隊員在學校擔負升旗儀式的任務，藉此展現他們的自信和能力；其次，全校師生參與升旗儀式，可以培養大家的國民身份認同；第三，我們在重要的日子舉行升旗儀式，如開學日、國慶日、元旦、香港特別行政區成立日、全民國家安全教育日、陸運會、畢業禮，乃至散學禮等，都由升旗隊去擔負。最後，我們在「七‧一」和「十‧一」這兩個重大日子，為社區舉行升旗禮，展現學校的實力。

從全校的角度看，成立升旗隊可以令我們有一支威嚴的隊伍，去主持大型的升旗儀式和每週上學天的升旗禮。從教師的角度，成立升旗隊可以讓學校舉行大型典禮時，有專職的禮儀人員。教師和學生隊員穿着制服，使升旗禮場面隆重。當然，這個專職隊伍，可以專業地完成升旗儀式。至於從學生的角度，組織升旗隊便更富意義。由學生隊員主持升旗儀式，讓他們有光榮感。我們每週都舉行升旗禮，可以培養他們持之以恆的態度。每次舉行升旗禮，他們精神抖擻，展現了團隊精神。在特別的日子，升旗隊服務社區，給與他們寶貴的其他學習經歷。

升旗隊的成立，讓學生通過不同的學習情境，建立他們的自覺性，又可加強學校、家長、學生及社區之間的協作。我們鼓勵學生走出學校，多作服務，從而表揚他們的優點。難得的服務經驗，正好擴闊學生的視野，也可以培養他們的終身興趣。因此，組織升旗隊，有助培養學生的正面價值觀和態度，讓他們成為積極、有見識和負責任的公民。升旗隊規範而守紀的訓練，有利建立學生健康的生活模式。因此，學生能成為升旗隊員，對他們是非常有價值的。

培育學生國民情意

學生隊員在日常的訓練和學習中，國民身份認同自然提升不少，但直觀地去認識國情，便是到內地交流。我們便是通過這些方式，去培養學生的國民情意。

我們曾組織升旗隊的學生到北京交流，由香港升旗隊總會帶領着中小學生去訪問國家教育部，令學生增廣見聞。別小覷我們的小學生，他們很留心地聽講解，也很自信地發問，沒有被那個偌大的會議室和教育部官員嚇倒，反而顯得投入和高興。12月底隆冬的凌晨時分，全隊冒着凜冽寒風，站在天安門城樓的觀禮台上數小時，靜待太陽升上地平線的一刻，看着天安門國旗護衛隊把國旗升起，這對他們來說是很震撼的。帶他們攀上長城，感受古代人民保家衞國的防禦工事，體會積雪前行的艱苦。跑到盧溝橋考察，認識「七·七事變」的抗日事蹟，理解要銘記歷史，珍愛和平。除了北京以外，我們也會帶學生到內地其他地方交流，讓他們多見多體驗。相信疫情過後，我們會有更多交流機會。

生生不息 —— 培育學生

學校成立升旗隊，每年培養了不少學生。我們通過讓他們承擔升旗任務，建立他們的自信和使命感。他們從中獲得成就

感和榮譽，所以學生大學畢業後，會成為老師，再靠他們去承傳國民情意。

我們一直在談承傳。如果你問我們為甚麼要成立升旗隊？答案是希望能夠生生不息地培養下一代的國民情意。2002年的時候，我們就思考：怎樣可以令全香港透過升旗活動，增強國民意識呢？所以我們除了製作不少教材送贈學校，也協助其他學校建立升旗隊。

傳媒曾訪問我們學校升旗隊的隊長，他就說：「能夠參加升旗隊，我覺得很光榮、開心，在邱（瑞虹）老師身上學習到了愛國、團結、包容精神。」這些是他發自內心的說話。此外，他又說：「我很喜歡我的祖國，看見自己親手將國旗升上去，我很開心，國家是我們的驕傲。」言辭間，表達了愛國精神。所以我們成立升旗隊，能夠讓學生成為旗手或升旗隊的一員時，他們會感到那份榮耀。在升國旗的過程中，他們能感受到自己和祖國的關係，也為國家而自豪。我們就是將國民情意這樣傳遞給學生。我們談承傳，如何讓學生從小學、中學，到大學之後，繼續生生不息地傳下去？以下要介紹我的學生——邱老師，我相信大家聽了她的分享便會有分曉。她在黃楚標學校就讀小學和中學，大學之後就回母校任教，現在是我的好同事。

升國旗，唱國歌！

邱瑞虹老師

香港教育工作者聯會黃楚標學校老師

　　受寵若驚！我沒想到蔡燕霞助理校長會這樣介紹我。我真的很感動，因為剛剛就好像回顧了自己從小時候到現在的成長歷程。那麼，我也先談一談升旗隊對我的影響。

　　我沒想到自己從 2002 年到今天，仍然這麼熱愛升旗隊。我相信我從小到大參加升旗隊，是因為我很用心、很真心地投入當中。

　　小學時參加升旗隊，負責升國旗任務，我感恩被老師發掘使我從一個普通隊員，晉升到隊長。我當隊長的心態，便是要令自己更有自信去做每一件事，永不放棄。我會堅持、努力，希望做到讓人覺得我擔升旗隊隊長真的很厲害。我從小學開始就覺得，一隊人必須要有隊長帶領。所以，到了我當老師，教導我的學生時，我會鼓勵他：你背負這個責任，就要把升旗任務做好，你是全隊的靈魂人物。

　　我升上中學，學校那時候還沒有升旗隊，但升國旗唱國歌是重要的事，我便向老師建議：「我們成立一支升旗隊吧！我在

小學已經學會了升旗禮儀，主持升旗禮是沒有問題的，我們來吧！」老師聽罷，當然鼓勵和支持我們。小學時的升旗隊的隊號是『P001』，可惜中學不是『S001』，而是『S063』。我作為升旗隊隊長，我要求隊員一定要練習好，老師則一起培養全校同學的國民意識。

因此，我小學參與升旗隊，在中學組織升旗隊，及後帶領自己的學生，甚至參與香港升旗隊總會等，都是對社會的點點承擔，這一切都需要一顆赤子之心。我希望在座各位老師，有機會成為升旗隊導師之餘，亦可以成為香港升旗隊總會的義工，不單服務自己的學校，同時也服務社會。

我們經常聽到「升國旗，唱國歌」，其實裏面有很多的意義。它可以培育師生的國民凝聚力，增強民族自豪感。

升國旗要配合唱國歌，所以升國旗的小技巧是護旗在拉動旗繩時，要配合拍子。國歌每小節兩拍，拉動旗繩時以四拍為「一把」。「一把」是把旗繩從上向下拉，到換另一隻手接續的意思。國歌奏響，由前奏開始拉動，到開始唱歌詞時就已經三「把」了。唱歌詞第一個字，便要把國旗上揚，稱為「揚旗」。國歌共有三十七小節，要拉十九「把」。每拉一「把」的長度，取決於旗杆的高度。操場的旗杆高一點，禮堂的旗杆矮一點，拉一「把」是多長，可以實際計算得到的。旗手熟悉旋律和歌詞，對他把握節奏有很大的作用。升旗隊在升旗的過程，每一個步驟都非常執着。你做好每一個「執着」，你呈現出來的畫面會令人眼前一亮，發出「嘩」的一聲！

唱國歌的過程能夠凝聚大家。我們教導學生唱國歌的時候，教師必須認識歌詞的普通話讀音。學生讀音正確，自然會有自信，特別是小學生更會放聲高唱。小學生很可愛，當教懂他們唱，他們會投入感情，甚至會很激動，越唱越高聲，蓋過背景純音樂，這就是我們學校唱國歌的情況。升旗隊是一支制服隊伍，他們負責升旗儀式，他們必須比其他學生唱得更高聲，感染身旁的人，所以我們真的要從小培育他們。

唱國歌，其實裏面蘊含了三個「為甚麼」？

一、為甚麼我們要唱國歌？當然你可以說因為教育局的指引，所以我們要做。但若你代入教育局的角色，或者從國家的角度看，其實這是一種愛國的表現，而且也在凝聚着所有國民。因此，我們要從小培育孩子，增強他們的自豪感和向心力。

二、為甚麼我們要高聲唱國歌呢？我相信除了增強民族自豪感外，更重要是弘揚愛國精神。因為我愛我的國家，我才會高聲唱國歌，我自自然然地唱，而且高聲唱，又可帶動身邊的人唱。

三、為甚麼我們要唱好國歌？首先，國歌是在鼓舞大家的，讓我們所有人都要前進，正如我們人生中，永遠都要向前，不要停下腳步，因為停下來就退步了。我們有這樣的信念，我們更不要忘記祖國曾經受過的苦難，不要忘記革命先烈在戰爭中的犧牲。每一次我和學生談起升旗禮是為了甚麼而舉行，談起國家的歷史時，他們就會明白，我們舉行升旗禮是為了甚麼。

有一批人最感動我，他們就是解放軍軍人。他們會時刻準備着 —— 這是我在 2014 年進軍營受訓時所學習到的。那時候，我聽到他們說「時刻準備着」，我便在想：都 2014 年了，解放軍還要準備甚麼？那時候國家已很太平，不會有任何戰爭出現，我們還要準備甚麼呢？原來在他們心中，國家雖然強大、強盛，但不知道會不會隨時有一刻受到敵人威脅，受到敵人侵襲。所以，他們是不會放鬆下來的，即使他們培訓我們時，你可以看出他們時刻警覺，準備隨時聽指令出發。他們很值得我尊敬，因為他們心中時時刻刻都為國家準備着。

最後，當我們明白所做的這三個「為甚麼」之後，我們升國旗時就能做好應有的禮儀。學生知道升國旗時要保持肅立、行注目禮，態度要莊重。我們尊重國家，尊重正在上升的國旗，尊重我們的國歌。所以，透過升國旗唱和國歌，令我明白我在升旗禮裏正培養師生的國民凝聚力及增強民族自豪感。

國旗之美

許振隆校長
香港教育工作者聯會黃楚標中學校長
香港升旗隊總會創立人

　　國旗對我們來說絕不陌生，但是我們懂得欣賞國旗嗎？除了國旗的設計很美，我們不妨感受一下國旗其他方面的美。

　　2016 年里約奧運會，當我國國家隊站上頒獎台接受獎項的時候，中國國旗在頒獎台的正中央升起，可是這面國旗竟是錯版的。大家看新聞照片，肯定發現那面旗幟犯了很大的錯誤 —— 小星的星尖沒有對準大星的中心點。在國際賽事中，大會升起錯版的國旗，是一件很嚴重的事情。中國奧運代表團即時向里約奧組委提出抗議，中國駐巴西大使，也高度重視，並向巴西政府提出交涉。巴西方面承認國旗並非由中國公司製造，並對事件表示歉意。

　　我相信這樣的錯誤是應該避免和絕對需要避免的。有人可能認為國旗只是一塊織品，上面印製了圖案，但對於我們來說，不單要認識它，更要熟悉它。我們作為中國人，必須能分辨國旗圖案；即使你不是中國人，你更要懂分辨這面旗幟，因為這正是對國家的尊重。

中國國旗，可以說是上天下地，從太空到地上到深海，都有它的影蹤。但是它美在何處呢？

　　國旗之美有兩方面：一方面是形相之美，另一方面更重要的是人心之美。

　　首先談談形相之美。國旗的美態，在於它是透過視覺來感受所代表的國家。國旗可以是一個靜態的平面，但當它飄揚的時候，它就是動態的畫面。風不可控制，風讓國旗有着千姿百態，所以它隨時呈現永不相同的一種種動態。哪怕在太空，你看到航天員執行出艙任務，我們的國旗雖是一個平面，它仍然展現了在漆黑太空中獨特的美貌。

　　國旗是一個國家的標誌性旗幟。正如在操場看到國旗和區旗，同樣也有學校的旗幟，它們都是標誌性旗幟。國旗的樣式、色彩和圖案，反映了國家的政治特色和歷史文化，所以它正正展示了國家的特徵。

　　七十三年前，新中國即將成立，中國人民政治協商會議籌備會徵集國旗設計的時候，國旗的四個特徵已在啟事中詳細作了說明。1949 年 7 月 14 日在《人民日報》、《光明日報》、《解放日報》等，以至香港的報章，都刊登了《徵求國旗國徽圖案及國歌辭譜啟事》。從當年這張啟事草稿，你可看到周恩來在上面作了十四處修改。他仔細地、一字一句地檢查對於國旗設計的四項要求：第一，國旗需要有中國特徵，包括地理、民族、歷史和文化等方面；第二，政權特徵，要展現新中國是由工人階級

領導以工農聯盟為基礎的人民民主專政國家；第三，國旗的形式為長方形，長和闊是3:2的比例，莊嚴簡潔；第四，國旗要以紅色為主，但可用其他配色。

截至1949年8月20日，一共有1920件國旗設計稿及2992幅圖案應徵。香港有沒有人投稿呢？在籌委會向大會提交的報告中，清楚列出了各省和地區應徵國旗、國徽、國歌的人數，香港共有63人。可見，我們從來都與國家是不可分離的。

徵求國旗國徽圖案及國歌辭譜截止後，籌備會的第六小組把收集到的所有圖案進行了初選，把當中38幅圖案編製成《國旗圖案參考資料》，並印製了二百本，分送參與大會的成員研究。曾聯松設計的國旗圖案是復字第32號，他在呈交的稿件圖案下面，詳細地寫了兩頁關於圖案的顏色、四顆星、黃色等等所代表的意思。其餘的複選圖案，大多都有五角星，有些稿件有一條橫桿或兩條橫桿。橫桿的意思往往說明是代表黃河和長江，但看起來橫桿好像把國家分裂成兩三塊，所以都不被接受。有些稿件參考了歐洲國家的國旗，仿效直排三種顏色，或橫排三種顏色，可是這些設計都未能符合要求。

在四千多個應徵的設計圖案中，曾聯松的設計最有特色，但最初卻不被大家注意。大家最初看重第1、第3、第4和第11號圖案，但是經過反覆討論，初選、再選都確定不了哪一個圖案是最多人的想法。到了9月25日，毛澤東和周恩來等人在中南海豐澤園召開討論會，充分交流意見，最後毛澤東認為第32號的圖案簡潔，而且很美，便把國旗的圖案定下來。

1949 年 9 月 27 日開會通過決議，確定了由曾聯松設計的國旗。在這天之前，曾聯松對國旗上四顆小星解釋為代表不同階級的人民，但在 9 月 27 日後，小星的定義就在《共同綱領》中統一表述為：「象徵中國革命人民大團結。」

曾聯松設計的國旗很有美感。他把五顆星放在國旗左上方，令整個畫面非常開闊。如果我們把國旗左上方這四分一，分成橫十五格，直十格，你會發現國旗上的每顆小星的一個星尖都對準大星的中心點。國旗左上方的五顆星，形成了一種很寬闊、天大地大的美感。大星在左上角，四顆小星環繞，就好像我國的海岸線，呈現一個弧形的地理特徵。

為了維護國旗的尊嚴，國家在 1991 年發佈了《國旗》和《國旗顏色標準樣品》兩項國家標準，規定了國旗的形狀、顏色、圖案、製版定位、通用尺寸、染色牢度等技術要求。所以當繪畫國旗時，應嚴格遵守規定，參考以上的文本。2004 年，國家發佈了《GB12983-2004 國旗顏色標準樣品》，對化纖、絲綢、棉布三種質地上的國旗染色標準作出了清晰的行業要求。可見，不同專業範疇的人都發揮所長，把國旗展現得更美。

國旗的形相之美外，我們也欣賞一下國旗所展現的人心之美。

國旗設計者曾聯松在 1917 年出生，他飽歷中國最苦難和被外國欺負的年代，因此他對於國家受到外國欺負的處境深有感觸。他從小就有一顆救國的心，所以大學時期放棄了科技，轉

讀經濟，想探尋國弱民窮的病根，找出救國良方。1949 年 9 月 28 日，報章刊登了他所設計的國旗，但是他一直都不知道自己設計的作品獲獎。直至一年後他收到中央政府的信函，並送上當時面值五百萬元的人民幣表達對他的謝意才知悉。他在回信上寫了他對國旗的設計「談不上甚麼貢獻」。他覺得為新中國盡一份心意，履行一個公民的職責，都是應該的。

曾聯松的一生和國旗分不開，直至晚年，他依然對於自己作為中國人，能夠為國家貢獻而感到自豪。他退休後，經常和年輕人述說有關國旗的故事，而且希望能看到國家統一。1997 年香港回歸之前，他已經長期臥在病塌，但最終他成功見證，不過在澳門回歸前約兩個月，他卻離開了人世。期盼國家統一，國旗飄揚，呈現人心之美。

1949 年 10 月 1 日下午三時，開國大典開始，毛澤東宣佈中央人民政府成立後，他親手按動電鈕，把國旗在天安門廣場上的旗杆升起。從那天開始，天安門廣場的國旗都是電動升降的，至今已有七十三年歷史。設計電動裝置的是林治遠，他是一位工程師。當年他接到任務後，跑遍整個北京都找不到旗杆。一天晚上，他踏自行車經過北京自來水廠，靈機一觸，想到旗杆跟水管很相似。結果他敲門把員工吵醒，跟他們講述了這個任務，並得到廠長讓他選擇鐵管。

整個自來水廠只有四款不同直徑的鐵管，林治遠把它們一層一層套起來，力所能及地完成了高 22.5 米的國旗杆，並把它在天安門廣場豎立起來。同時，他完成了電動升旗裝置，讓毛

澤東在天安門城樓上把國旗在廣場升起。毛澤東在天安門城樓上宣佈中華人民共和國成立的第二天，《人民日報》的頭版記載了這件事情，但是報道中有一段以今天來說很不通順的表達，就是：「毛主席親自按動有電線通往廣場中央國旗旗杆的電鈕，使這一面新國旗在新中國首都徐徐上升。」今天電是普遍的能源，但試想一下，1949 年很多人對電都不認識，《人民日報》這樣撰寫是避免有人以為毛澤東只要動動手指，國旗就會自動升起，神化了這件事情。當我們了解這段歷史，林治遠在物質條件匱乏的條件下，設計電動裝置，完成這個不可能的任務，可見盡心之美。

天安門廣場的升旗儀式，莊嚴隆重，總教人神往。1949 年 10 月 1 日開國大典，毛澤東親自按動電鈕升起了第一面五星紅旗。那麼，從 10 月 2 日開始又由誰來升旗呢？原來升旗裝置的電機歸北京市供電局負責，升降國旗的任務便交給了電工陳紅年。從 1951 年 10 月 1 日起，由另一位電工胡其俊負責執行升旗任務，長達二十六年之久。

1976 年 5 月 1 日開始，北京市政府決定組成「國旗護衛班」，從此每天由兩名戰士負責，一名扛國旗，另一名護旗，但這樣也不夠莊嚴。1982 年 12 月 28 日起，中國人民武裝警察部隊北京總隊負責升旗任務，原本二人升旗改為三人負責：中間擎旗，左右是護旗。這一小隊稱為「天安門國旗班」，他們着裝統一，並每天按編制的時間升降國旗。1990 年 10 月 1 日頒佈了《中華人民共和國國旗法》，指出升國旗時可以奏唱國歌，讓升旗儀式更莊嚴隆重。於是從 1991 年 5 月 1 日開始，升旗

儀式就由三十六人組成的「天安門國旗護衛隊」負責，一直沿用了二十八年。2018 年 1 月 1 日起，每天的升降國旗儀式由中國人民解放軍儀仗隊負責。每月第一天的升旗儀式隊列有九十六人，而平日的升旗禮也有六十六人。下次當你去天安門廣場參與升旗儀式時，可以感受身為中國人的光榮。當然，每一代執行升國旗任務的人員，全都不懼艱辛，只為了顯示國威，再見人心之美。

這座雄偉挺拔的雪峯，就是高 8848 米 86 的喜馬拉雅山最高山峯 —— 珠穆朗瑪峯。「珠穆朗瑪峯」這個名稱早見於清康熙五十八年（1719 年）製成的銅版《皇輿全覽圖》上（地圖標註的漢文為：朱母朗馬阿林），比英國人在清咸豐二年（1852 年）擅自命名為「額菲爾士峯」（Mount Everest）早一百三十多年。珠穆朗瑪峯在中國和尼泊爾的交界，尼泊爾在外國的唆使下，想中國把珠穆朗瑪峯的南面歸屬他們，北面則屬中國。中國當然不同意，因為珠穆朗瑪峯南北兩面從來都屬於中國。1953 年尼泊爾得到外國的幫助，從南坡成功登上珠穆朗瑪峯。由於珠穆朗瑪峯的南坡比較平坦，北坡比較陡峭，印度也想登上珠穆朗瑪峯，證明這裏是屬於他們的。要登上珠穆朗瑪峯，不僅是與印度的競賽，也是與尼泊爾正在談判的中尼邊境劃界問題有關。1960 年，我國登山隊二百一十四人經過三次特訓後，決定要闖上珠穆朗瑪峯。他們到達被稱為「死亡地帶」的 8000 米高度時，開始爬不上去，只剩下二十九人挑戰登頂。過了 8100 米時，登山隊只剩下四人。因為氧氣不足，劉連滿放棄登頂。最後，屈銀華、貢布和王富洲三位登山英雄在 1960 年 5 月 25 日凌晨四時二十分登上珠穆朗瑪峯。他們把國旗、毛澤東像和

一張字條用石塊壓在峯頂後便下山。由於當時漆黑一片，加上攝影技術不佳，他們沒有照片證明，外國人曾經懷疑過中國人是否有成功登上峰頂，直至派人前來調查，並在登山隊詳盡的文字報告證明下，調查人員才肯定了這次壯舉。

中國人攀上珠穆朗瑪峯後，尼泊爾承認珠穆朗瑪峯是中國國土的一部分，結果中國與尼泊爾的邊界糾紛在 1961 年結束。我們在條件薄弱、沒有登山經驗的情況下成功登上峯頂，中國人的堅毅和力量，讓外國人非常震驚。不畏艱辛，要把國旗埋在珠穆朗瑪峯峰頂，保衛國土，更見人心之美。

國旗，不單在大地上飄揚，太空中亦常出現。我國一直重視發展航天事業，西昌、酒泉、太原，甚至文昌等衛星發射中心，用火箭把印上的國旗衛星和航天器送上太空。2003 年 10 月 15 日，「神舟五號」飛船環繞地球的時候，楊利偉在太空艙內展示中國國旗和聯合國旗幟。2008 年翟志剛執行出艙任務，成為首位太空漫游的中國人，他手持的五星紅旗，也是世上唯一在太空中展示的中國國旗。「天宮」(中國空間站)很美，你從每個角度都看到天宮上國旗的蹤影。在 2019 年「嫦娥四號」登陸月球，它所放出的「玉兔二號」(月球車)，也印上了國旗。

今天，國旗無處不在。國旗除了飄揚在中華大地外，它也飄揚在世界各處，以至在太空展現。國旗之美，隨處可見，但我覺得無論國旗多美，都需要我們年青人好好裝備自己，讓日後能發揚國旗形相之美的同時，也彰顯人心之美。

國旗下的科學家

何迪信校長
中華基金中學校長
行政長官卓越教學獎科學教育學習領域得獎教師

剛才很感謝許校長跟大家分享「國旗之美」，而接下來，我將會和大家談談「國旗下的科學家」。究竟兩個講題有甚麼關係呢？剛才聽到「國旗之美」當中蘊含了數學的美、藝術的美、文化的美⋯⋯有各種不同的美，但最重要的一點就是人心之美。人是最重要的，而學校要肩負起作育英才的責任。我們怎樣才能夠孕育各位同學去服務社會和國家呢？我們作為中國人，怎樣才能夠運用我們的知識和才能去貢獻社會和國家呢？我個人的強項是推動科學科，「國旗下的科學家」這個主題就是這樣形成的。

學校、家庭、社會為學生提供一個良好的發展空間很重要。當我們培育各位同學時，無論他們將來作為科學家、其他專家，或在其他方面服務社會也好，最重要的是我們都會想到一句話：「修身、齊家、治國、平天下。」

接下來的分享將分成兩部分，第一部分講述學校如何推動

STEM，還有科技的領域；第二部分是讓大家認識國家和香港的一些科學家，了解他們如何努力不懈地貢獻國家，讓大家有一個良好的生活環境。

大家都知道 21 世紀教育的目標——我們要在地球生存，作為理想的公民和國家的人民，核心價值（Core Values）是非常重要的，因為核心價值是 21 世紀的技能。STREAM education 就是接下來我將會提到的科技和科學的發展。

我們很多時候都會講到「STEM」、「STEAM」和「STREAM」，其實「STREAM」比起「STEM」多了「A」和「R」，當中的 A 代表藝術（Art & Design），R 是語文增潤（Reading & Writing）。學校所說的 STEM 不單是科學，而是一個跨學科的合作，或者再宏觀一點來說，是一個無框架的協作。STREAM 包括了地球科學、天文學和航天科技，還有人工智能（Artificial Intelligence）、AR（Augmented Reality，擴增實景）、VR（Virtual Reality，虛擬實景）、創意媒體和高端科研。另外有以學生為本的學習模式，也有很多科研的學習內容。關於 AI，面對第四次工業革命，我們有一個前瞻性的背景去展望將來，我們知道將來會有甚麼需要，有很多這類的 STEM 課程進行人材培育。如果我們能夠全面發展，亦能為社會作出很多貢獻。更重要的一點是，STREAM 和核心價值當中的「R」（Reading & Writing），了解我們國家之間的價值觀和中華文化很重要，所以希望各位同學在 STREAM 這個跨學科協作當中努力學習，把握學習的機會。

反問大家一條問題，為甚麼要學習科學？科學家希望做到甚麼？或者不只是科學家，STREAM 的人材希望達到甚麼目的呢？

我舉一個例子，有一幅圖片顯示乾旱的土地旁邊有很多翠綠的農作物，如果你是當地的農民，你會有甚麼感受？你可能會很傷心，因為我們以種植農作物作為維生的方法，但土地的水分不足，無法繼續種植了。但是看到旁邊翠綠的農作物，你會覺得農作物好像能繼續種植。為何會這麼有趣？

我們香港有一位科學家對國家有很大的貢獻，他看到這個情況，把握了機會，說了一句：「咦，為甚麼會這樣？」他就是林漢明教授。

林漢明教授是香港中文大學生命科學學院教授兼農業生物技術國家重點實驗室主任，大家都應該感到熟悉吧？他發現原來在中國的大西北地區，農地很乾旱，農民生活得很艱苦。當土地乾旱，我給它水分，或者先進一點，用直升機在高空灑水，像救火一樣，是不是就可以了呢？答案是不行的。

曾經有數天，林教授到了農地，突然看到了甘露，原來下雨了。以正常情況思考，下雨能孕育土地，使植物生長，既然有水分，農作物就不會失收了，那林教授和農民都應該感到很高興，但你們知道，下雨後的第二天發生了甚麼嗎？那些農作物是不是欣欣向榮地生存呢？答案是不，農作物全都枯死了。農作物缺水，而我為它澆水，為甚麼農作物還是會枯死呢？

當林教授隔天經過田地，他發現整塊田地都是白色的，而所有植物全部枯死了。大家知道為甚麼嗎？沒錯，就是鹽。鹽是從哪裏來的？是從土壤裏來的。因為太陽升起時產生蒸餾作用，或是我們所說的蒸發，將那些高鹽分的地下水拉扯上去，導致所有土地結滿了鹽粒，把植物醃死。你可以從農民的角度思考，其實他們是非常悲慘的。但是林教授看到一些植物能在乾旱的土地裏茁莊成長，於是他在這些不太好的土壤裏，找到有些帶有抗旱和抗鹽基因的植物品種。他發現了為植物轉基因的技術，就是人工培植的大豆，你會看到人工培植的大豆比野生的大豆大一些。

　　如果你是這位科學家，你會怎樣做呢？當然是馬上發表論文，讓自己名成利就。這位教授已經非常有名，但是他有沒有選擇名成利就呢？他沒有。他做了些甚麼呢？他走到中國很偏遠的西北部地帶，用這些基因的知識和轉基因的技術去幫助那些農民。這不單是生計和經濟上的幫助，而且是技術上的幫助。他把這些技術教給當地居民，其中一邊的土地本來只有一點點綠色，而另一邊，全部都是綠色的土地。首先，有了農作物的收成，土壤就會改善；其次，改善了的土壤，形成一個良好的循環，就能夠繼續種植優良的農作物；接着，農民的經濟，包括他們的家人，以至整個社羣都會有穩定的糧食和收入。

　　我想表達的是，作為科學家並不是簡單地發表數篇論文，達到名成利就就可以，而是要思考如何幫助人。林教授就選擇將他的經驗帶到國內，讓國家富強起來。接下來，林教授會協助我們學校，提供一系列科研的教育。

第二位是葉玉如教授，相信大家都認識吧。她是香港科技大學校長，主要研究阿茲海默症（Alzheimer's disease），類似腦退化的症狀。不知道大家清不清楚，當人的年紀越來越年長的時候，患腦退化的機率就越高，因為他們的神經源的分支越來越弱，導致腦退化患者記憶力和認知能力衰退，最後面臨死亡。但是葉教授發現了血液蛋白的新靶點，與國內及全球的科學家一起研究這項新的技術。有了這項技術後，像我這樣不年輕，但還沒有患腦退化的人就可以檢查我的基因圖譜中，有沒有機會出現阿茲海默症的情況，假如真的有的話，究竟有甚麼紓緩或治療的方法能幫助到我，導致二十年後，我不會患上腦退化。

　　第三位是徐立之教授，大家都認識吧。他是香港科學院創院院士，亦是香港大學第十三任校長，大家知不知道他的主要科學研究的項目是甚麼？大家有沒有聽過一種病，叫「囊狀纖維化」，即是 Cystic fibrosis 吧？你們平常不是會做 RAT（Rapid Antigen Tests，快速抗原檢測）嗎？要怎樣才知道自己有沒有採樣成功？你要看採樣棒上是不是有些黏液，因為我們鼻腔、口腔、腸臟裏有黏液。不過有這種病症的人士，他們的氣管、食道和腸臟等器官會不斷不斷地製造黏液，小朋友很容易就會因為黏液充滿他們的氣管、喉嚨而死亡，要不斷幫他們把黏液拍出來，他們才不會窒息。亞洲人士也有這種病，但患病率遠低於外國人士，所以外國病例是非常多的。不過，徐立之教授在 1989 年就辨認到囊狀纖維化患者的哪個基因產生問題，這些科學研究救了全球很多病患者。

第四位是盧煜明教授。大家知不知道他研究了甚麼嶄新的項目？這個題目讓我想問問大家一個普通的知識：當一位媽媽懷孕的時候，你們覺得最少要多少週才能檢查到胎兒的性別？其實三至四個月就能知道。用甚麼方法？沒錯，是超聲波。

講一個真實的情況給你們知道，我有兩個女兒，我的太太懷孕時也做了超聲波產檢。當時醫生很強調地告訴我：「何生，你的小孩一定是兒子。」當然胎兒是男生或女生都是我的兒女，我都會一樣愛他，但是我問醫生：「你為甚麼這麼肯定呢？」原來他看了一些重要部分，所以得出這個結論。但是，當我太太再檢查了幾次之後，就發現胎兒是女孩子，為甚麼呢？因為當初在超聲波產檢時，胎兒的手指突了出來，然後就被拍下來了。做超聲波檢查，我們可以知道胎兒性別，但是可以看到胎兒有遺傳病嗎？不可以。要怎樣才可以知道呢？就是抽羊胎水。

不過，抽羊胎水的技術不好，大概會有百分之二至三機會令胎兒夭折。可能你會覺得百分之二至三機率很低啊！我們現場大概有一百八十人，如果大家的家長都去抽羊胎水檢查胎兒有沒有遺傳病，不好意思，做完檢測後，有五至六個小朋友會夭折，無法來到這個世界，這其實很危險。不過盧煜明教授很聰明，他發現原來當一個媽媽懷胎一個多月後，胎兒有些 DNA 會透過胎盤流到媽媽的血液當中，當抽取媽媽的血液時，就會同時檢測到媽媽和胎兒的 DNA，從而可以知道胎兒的 DNA 會不會帶有遺傳病基因。

大家知道一個多月的胎兒有多小嗎？懷孕五個月的話，你會看到媽媽的肚子已經有明顯的增大，那麼一個多月的胎兒會有多小呢？一個多月的胎兒其實只有 2 厘米，2 厘米就跟一顆紅豆一樣大，就已經可以進行檢查，亦不會傷害到胎兒，此嶄新技術也是我們國家的科學家所發現的。

　　第五位是梁狄剛教授，大家認識嗎？他是一位很有名的地球科學家，致力於研究地球科學，有很多方面的著作研究，也發表過很多演說。他研究國內的石油和燃油的蘊藏量，推動能源發展，讓能源短缺的情況不會出現。

　　第六位是李樂詩博士，相信大家都知道她是一位極地探險家。她亦主張環保，因為她發現在三極都有很多污染問題。

　　剛才所提出的例子，全部都不是遙不可及的。因為梁狄剛教授、葉玉如教授、徐立之教授和林漢明教授，都來過我們學校分享。

　　中國其實是科學家的搖籃，剛才提及過的科學家，他們所有的研究，所有的發明，並不是為了自己，而是想服務社會，服務國家。這正是我剛才講到的，我們學校很努力推動 STEM、STEAM 或是 STREAM，但我們有沒有一個服務社會和國家的心呢？

　　我們作為學校，希望孕育同學去發展自己，擴闊視野。我們一直與深圳華大基因，還有國家基因庫合作。在幾年前，透

過校外活動，同學就去到這些地方，還有香港大學深圳分校參觀。有一位同學完成工作影子 (Job Shadowing) 活動後，現在修讀醫學系。只要你們好好裝備自己，你們也可以成為一位出色的科學家。在國旗之下，去擁抱國家，讓自己服務國家，讓自己的才能得以彰顯。

最後，我很希望透過許校長剛才分享的「國旗之美」和我剛才分享的「國旗下的科學家」，去讓同學深思，我們學習為國，最重要的是將學習到的知識貢獻給國家和社會，去達到人心之美，以上是我的分享，多謝各位。

共和國最強音

—— 國歌

許振隆校長

香港教育工作者聯會黃楚標中學校長

香港升旗隊總會創立人

國旗、國歌、國徽是國家的象徵，相信對大家來說都熟悉不過。國家象徵對於我們的意義，就是國家的標誌。2022 年正值回歸二十五週年、國慶七十三週年，我相信是一個好時機讓大家從不同角度多了解一下。

國歌的意義

國歌跟國旗、國徽不同之處，它是聽覺上的國家象徵。它既不能用照相機拍下來，也不能用文字完全記錄。

我們現在聽聽這一首歌曲，某些旋律你可能會感到熟悉，但全曲又可能很陌生。（播放了一段後）這首作品是 1965 年在

「上海之春國際音樂節」中，由國家培育的第一代音樂家——呂其明所創作的交響樂《紅旗頌》。它以紅旗為主題，描繪開國大典時第一面五星紅旗升起的情景，亦記下了革命的奮鬥史。你感到旋律有點熟悉嗎？為甚麼呢？因為呂其明把國歌《義勇軍進行曲》和歌曲《東方紅》部分旋律放在當中，所以我們聽起來既熟悉又陌生。由此可見，國歌是只能用聽覺去感受的國家象徵。

國歌從定義上就是「由國家正式規定，代表本國的歌曲，用於隆重集會、國際交往儀式等場合」。任何國家都需要國歌去鼓勵國民信心，增強凝聚力。國歌一般都富有愛國色彩，用以喚起國家情懷，所以唱國歌能反映我們對國家的認識和認同。

國歌點滴

1949 年新中國成立之前，從 4 月就開始籌備，到了 6 月的時候，已經成立了不同的小組。為了徵集國旗、國歌、國徽，政協會議籌備會決定發佈徵求啟事。啟事上清楚說明了國歌要有特定條件：第一，要有中國特徵；第二，要有政權特徵；第三，要有新中國之遠景；而最後一點，是限用語體，不宜太長。從 7 月 14 日至 8 月 15 日，在全國、香港及海外各華僑報章，包括《人民日報》、《光明日報》、《新華日報》等刊登。之後，陸陸續續收到了數千份稿件，光是國歌的作品，截至 8 月 24 日便收到歌曲 632 首，歌詞 694 份。第六小組在當中挑選了

13 首，編成了《應徵國歌歌詞複選集》，並找了樂隊現場演奏。但所有成員聽完之後，都覺得不太理想，最後這件事陷入了膠着狀態。

到了 9 月 25 日晚上，毛澤東邀請了一批知識份子和專家在中南海豐澤園召開了協商座談會。大家都在討論徵集回來的稿件又不太滿意，那有沒有其他選擇呢？當時著名畫家徐悲鴻就建議採用《義勇軍進行曲》，並且得到其他人的支持。但有人卻提出：「歌詞會不會不太合適？」因為新中國已經成立，而當中歌詞有「到了最危險的時候」一句，怎麼會危險呢？有人認為要改歌詞，有人則認為要保留歌詞，結果大家都認為保留是最好的，所以毛澤東就確定了用《義勇軍進行曲》來暫代國歌。在會議結束前，全體起立唱《義勇軍進行曲》。

你可能會問：「七十多年前的事你怎會知道呢？」其實我們的先輩處事細緻，所以在檔案資料中，我找到一些會議紀錄的影印文本，對國旗、國歌、國徽有很詳細的討論，包括周恩來總理說：「就用舊的歌詞」這一句。

1949 年 9 月 27 日召開政協會議的時候，全體代表通過：「在中華人民共和國國歌未正式制定前，以《義勇軍進行曲》為國歌。」所以當年的歌譜上是寫着《中華人民共和國代國歌》的。這首代國歌，後來一直沿用到 2004 年，才正式將《義勇軍進行曲》作為國歌，寫入《中華人民共和國憲法》第四章，確定了它的憲制地位。

對於為甚麼要採用《義勇軍進行曲》而不修改歌詞呢？1949年11月15日的《人民日報》解釋是「為了喚起人民回想祖國創造過程中的艱難憂患，鼓舞人民發揚反抗帝國主義侵略的愛國熱情，把革命進行到底」。我相信國歌的歌詞，就是我們要有的愛國熱情。

大家都知道，《義勇軍進行曲》是一齣電影的主題曲。1934年田漢完成了劇本《風雲兒女》，在1935年開始拍攝時需要一首主題曲。主題曲由田漢填詞，聶耳作曲。他們當時在上海，由於是共產黨員，結果被國民黨追捕。田漢當時被國民黨逮捕，而聶耳則逃到日本。1935年4月18日，聶耳抵達日本，為田漢的歌詞譜曲，5月初把手稿寄回中國，百代唱片公司就錄製了主題曲唱片。聶耳原來在歌譜上寫的名稱只有《進行曲》三個字，而不是我們今天所見的六個字。當年投資拍攝電影的朱慶瀾將軍，在《進行曲》前加了「義勇軍」三個字，就成了今天《義勇軍進行曲》的名稱。

傳揚國歌

國歌對我們來說並不陌生，但我們能不能把國歌唱得準確，或是知道這首歌的精彩之處呢？其實未必。今天我給大家介紹三個數字，便是37、84和46。國歌只有37小節，歌詞只有84個字，全首時長46秒。這些完全符合了當年徵集國歌的要求：「不要太長」。所以，不論是幼稚園2米多高的旗杆，還

是天安門廣場 32 米 6 的旗杆，我們升旗的速度都是 46 秒。要做到升國旗一秒都不能差，便需要好好練習。

把國歌奏響，把國歌唱響，少不了以下這幾位對傳揚國歌很重要的人物。他們把國歌成為國家的「最強音」。

第一位是羅浪。1949 年 9 月 27 日確定了《義勇軍進行曲》作為代國歌後，便開始準備開國大典。時任華北軍區軍樂隊隊長羅浪接受了組建聯合軍樂團的任務。他將不同軍樂團集合起來，最後組成了二百人的大樂隊。羅浪是第一代國歌演奏家，他發明了具有中國特色的指揮棒和特別的指揮旗語。羅浪當年在天安門廣場演奏，為新中國的成立奏響了國歌，我們共和國的最強音便從他開始。國歌在國慶七十週年慶典上演奏時，已經不再是二百人的樂隊，而是一千三百多人。這麼大的天安門廣場，能夠清楚聽到奏響的國歌，何等令人感動。

第二位是劉良模，他把國歌推向世界。上世紀三十年代，當時他是一名大學生，積極投入抗日活動。1936 年，劉良模在上海南市公共體育場，指揮過千人大合唱，透過歌曲推動人民去抗日。他在抗戰遊行時，指揮大家唱《義勇軍進行曲》，連警察也跟着他一起唱，做法震撼了整個上海。由於劉良模領導抗日活動起了很大作用，受到國民黨的拘捕。1940 年，他被教會送去美國費城求學。他結識了黑人歌手保羅．羅拔臣，灌錄了名為《Chee Lai》的唱片，中文名叫《起來》，收錄抗戰歌曲。宋慶齡為這張唱片寫序，歌曲廣受歡迎，很多美國人也會唱當中的歌曲。保羅．羅拔臣是在美國長大的黑人，他的中文是由

劉良模一字一句教授。保羅‧羅拔臣不單錄了唱片，更在紐約露天劇場公開演唱，深受當地民眾歡迎。劉良模的貢獻除了在美國推廣抗戰歌曲外，在新中國成立擬訂國歌的時候，他也是第六小組的其中一位成員，倡議和支持以《義勇軍進行曲》作為國歌。

第三位是安文彬，他近年退休後在電視節目《朗讀者》中，分享他為了爭取國歌演奏前的兩秒而付出大量時間、心血和力量。香港在 1997 年 7 月 1 日回歸，整個交接儀式是史無前例的，香港從未有過，英國也從未試過，當時國家派了外交部的安文彬去負責這件事。英國在《中英聯合聲明》時已提出 7 月 1 日進行交接，準確時間沒有提及，安文彬堅持國歌要在 1997 年 7 月 1 日凌晨零時零分奏起，但當時英國的外交官不接受，反覆經過了十六輪討論都沒有共識。安文彬要求零時零分奏起國歌，英國國歌要在 59 分 58 秒完結，剩下那兩秒有甚麼作用呢？根據安文彬的描述，那兩秒就是讓指揮準備，一下起，一下落，然後開始演奏，不然香港就會遲了兩秒回歸。他為了這件事與英國人脣槍舌劍。直到最後一次會議，他很不客氣地說：「英國已經霸佔了香港一百五十年，我們只需要兩秒，難道這也不能接受嗎？」他說如果英國不接受的話，便向傳媒公開，看英國如何交代？結果英國只能接受。兩秒，本來是很短的時間，但是為了國家，為了國體，一秒都不能有誤差。最後，凌晨零時零分在香港會議展覽中心的交接儀式上，奏響共和國最強音。

時間重要，但更重要的是國歌對每一位國民都是一個保

障。最令我動容的是 2011 年的時候，中東地區和非洲北部有很多不同的國家受到國內變動影響。當時在利比亞工作的中國人有很多，國家決定要撤僑。在中國的外交史上，這一次撤僑是史無前例的，國家派出了 182 班民航包機、5 艘貨船、4 架軍機、二十多艘外籍郵輪，共接回了 35860 名中國公民。其中一個令人感動的是，有數十位工人由利比亞到達埃及的邊防時，丟失了護照，他們無法過關。最後，負責的公安部官員想到了一個辦法去證明他們是中國人，就是叫他們列隊唱國歌。當他們唱完後，當地邊防人員便放行了。如果沒有國歌，他們便不能順利回到中國。

唱響國歌

今天在學校裏，我們需要升國旗和唱國歌。升旗禮進行的時候，司儀都會說「升國旗，唱國歌」這六個字。因此，唱國歌的時候，我們要着裝得體，精神飽滿，肅立致敬。如果是升旗隊隊員或其他制服隊伍成員，除了行舉手禮外，更要高唱國歌，表現出儀式感和莊重感。唱國歌，應該由始至終跟唱，吐字清晰，節奏適當。學校如果有非華裔師生，應讓他們養成尊重的態度，正如我們對別國國歌的尊重。此外，有人為了表達愛國，將電話鈴聲改成國歌，相信大家明白這是一件不合禮儀的事。這些要求，我們今天一起重溫，日後如果身邊有人不了解，也可以提醒一下。

很多年前，我曾經去一間中學演講，內容提及抗日歷史，他們事前並不知道我會播放《義勇軍進行曲》。但當國歌第一個音符奏起，禮堂裏近千名學生竟然自覺起立。我非常佩服和欣賞學校給學生的教育，這令我非常感動。

愛國從唱好國歌開始，唱好國歌從自己開始。我相信從小教育很重要，作為成年人，作為教育工作者，我們更要堅持，唱響共和國最強音。

「愛己、愛家、愛國家」 從幼兒開始

香港幼稚園協會幼兒學校校長

　　各位嘉賓、校長、老師、家長和小朋友，多謝各位出席這個活動。我今天會分享一個較簡單的主題，就是 ——「愛己、愛家、愛國家」從幼兒開始。今天很高興能認識到各位校長。剛才有校長問我如何成立升旗隊，如何幫助老師開展這個活動呢？我告訴他：「不用擔心，其實很簡單的。」我們從這個方向去走、去做，相信大家會做得容易和簡單一些。

　　首先是「愛己」。我們在開始的時候先來認識一下自己。有沒有人會不愛自己？當然是不會的。我們在課堂和活動中，從小教導小朋友去認識自己，認識自己是一件很高深的學問，從小學到老。我們要如何理解自己呢？我們要知道小朋友的性格，有些小朋友很溫柔，有些小朋友很急躁。小朋友的特質各有不同，有些會很溫婉，有些說話的音量會稍大，有些會較敏感，聽到些許聲音都會感到煩躁，有些小朋友則會感受音樂當中的美妙，乃至價值觀和看法都會不同。每一個人都是獨一無二的，每個人都有自己的想法，我們要尊重和接納別人，也要

173

認識自己、接納自己。我們為自己訂下一些目標，這些目標會幫助我們改變自己，提升自己的長處，改善自己的短處。改善自己做得不好的地方，學會如何表達自己、愛人如己，最後，能夠幫助溝通和社交，這都是認識自己的一部分。

大家認識自己嗎？思考一下，我們要如何認識自己呢？我進行了一些簡單的分析。在情感方面，有些人會追求完美，每件事都要做到最好；有些人比較敏感，對一些微小的事情都會感到不滿意，要從頭再做；有些人做事時會訂立目標，很有責任感；有些人很理想主義；有些人做事冷靜，頭腦清晰。在交朋友方面，也有不同的選擇，有些人會覺得要謹慎交友；有些人會選擇忠誠可靠的朋友；有些人喜歡聽人分享；有些人會樂於幫助別人；有些人會喜歡關心他人，體諒別人。在工作方面，我們會對自己有甚麼要求呢？有些人標準高，在工作中，每一項事情都要做到最好；有些人會注重細節，對每一樣細節都會很認真地做，踏踏實實地逐步完成；有些人相當有條理，把工作組織得很協調；有些人預先計劃，在工作開始前先計劃再開始。以上都是簡約和概括的分析。

你疼愛自己嗎？你愛不愛自己？那麼要如何愛自己呢？有些人可能去吃頓豐富的自助餐就已經很滿足，甚至有小朋友說吃到粟米肉粒飯就很開心；有些人會想買一件自己喜歡的東西，例如衣服、鞋子或手袋；有些人會選擇做運動，放鬆自己。工作時都是在認識自己，當做到極限時要學會放鬆自己，例如跑步、看電影、逛街、吃飯、聽音樂。你們還有甚麼方法去愛自己，放鬆自己呢？大家可以思考一下。

接下來，來到「愛家」的部分。每個人都有家，那麼家是怎樣組成的？中國人有一句說話，是源自《禮記・大學》的「修身、齊家、治國、平天下」，相信大家都聽過，怎樣從這句話應用到現代人的生活呢？怎樣才算一個家？很簡單，小朋友會選擇畫一間房屋，畫一個有屋頂的屋，然後畫一扇門，再把家人畫上，他們認為這就是他們的家。家庭是組成社會及國家的基本組織單位，即是有一個家庭，然後慢慢地會形成我們的社會，再由社會變成一個國家。建立一個「和諧」的家庭，相信是每一個人都渴望的事，如果每天回到家都在吵鬧，難道你會喜歡這樣的家嗎？我們要怎樣做才會有一個讓小朋友健康成長的家？我認為要彼此關愛，互相關心、珍惜、尊重和信任，這樣的家才會和諧，使人感到開心。如何與家人相處呢？有一句話比較特別，就是「愛在心裏口要開」，不是「口難開」。我們一定要表達，要告訴對方我今天開不開心。

有些家長會問小朋友一個問題——當小朋友下課，剛踏出學校門口，家長就會問：「今天有被老師懲罰嗎？」我聽到的時候都在想：我們的老師都很兇嗎？當然不是。我最喜歡跟小朋友或是我的子女說：「今天玩得開心嗎？」「在學校學到了甚麼？」那麼小朋友就自然會告訴你：「我今天上了音樂課，我唱了一首歌。」媽媽就可以跟他說：「那你唱給媽媽聽吧。」我想在這個情況就是「愛在心裏口要開」，一定要講出來，不要覺得他還小就不告訴他你的想法，如果跟小朋友從小有良好的溝通，當小朋友長大了，他也會和你繼續溝通。生活其實每天都一樣，你會感到乏味，但是可以在生活添加儀式感，讓大家有一個特殊的慶祝方式，享受一個特殊的時光。

我舉一個例子，我的小朋友還小的時候，我認為讀書是他的責任，但我沒有特別的要求，他有時候回家會告訴我他拿到一百分，對他而言當然是有付出有回報，自然會興奮。「媽媽，今天數學拿到了一百分！」我也要表現出：「哇！你怎麼這麼棒！」我不會給很多特別的獎勵，但我會和爸爸一起，三個人拿着香檳杯，倒一些果汁到杯中，和他一起慶祝：「Cheers！」他很開心，因為知道自己的付出得到爸爸媽媽的認同。

　　現在他長大了，已經是一名上班族，他每次告訴我：「媽媽，我今天加薪啦！」然後就會拿出三隻玻璃杯，不過這次不是香檳杯，而是紅酒杯，和我們一起慶祝，這就是我們生活的一部分。小朋友從小從父母身上感受到認同和關懷，這個家才會和諧；互相分享每一件大小事，才能消除隔閡。到了現在，當我的小朋友回到家，即使我睡着了，他都會到我房間吵醒我，告訴我他今天做了甚麼，發生了甚麼，即使你很累，也要花時間去聆聽他的分享，最多只告訴他：「你明天再跟我聊吧，我今天很累。」但不能告訴他：「我很累，現在不想聽你分享。」那就糟了，他以後都不會跟你分享，要表明自己的立場。我有時候感到不舒服，有時候也會很累，就會告訴他：「我現在真的不舒服，先不跟你聊了，或是明天再聊吧。」這種情況下，小朋友會記得明天再跟你聊天。

　　我們和小朋友互相學習，讓彼此有更多共同話題。現在小朋友的生活越來越豐富，學習的東西越來越複雜，我們遇到不懂的就向他們學習，把我們懂得的知識提供給他們，這樣就能讓大家有一個良好的溝通。我們還要包容家人，家庭中每一

個人都會有情緒，不開心的時候會發脾氣。我們可以跟他說：「我暫時想停一停，休息一下。」之後可以在某個時間再重新溝通，這個情況就可以讓大家記得，在你不開心的時候先不騷擾你，讓你冷靜一下，到你開心或想要分享的時候，我們再繼續聊天。

我很欣賞這個狀態，就是在家做「自己」，因為在座各位很多都是校長、老師或是公司高層，我們工作時有自己的身份，當我們回到家之後，我們的身份是爸爸或媽媽，有些小朋友在學校的身份是班長，但當他回到家之後他就會知道要做回孩子的身份。我們希望他們清晰了解自己的角色。大家回想一下最近一次與家人一起吃飯的時間是甚麼時候？大家與家人一起相處的時間又有多少呢？大家要反思一下。如果有時間就記得陪伴一下家人，我個人覺得珍惜家人是最重要的，要珍惜與家人的相處時間，要互相問候、互相關心和互相欣賞，我們都希望透過這些方法去達成一個和諧的家庭。

講完「愛家」後，接下來就要講「愛國家」。「愛國家」要如何從小開始學習？其實很簡單，因為我們是中國人，我們從小就告訴小朋友，我們中國人是怎樣的，有甚麼特質 —— 黑眼睛、黃皮膚跟黑頭髮，這就是我們中國人的特質。剛才我們已經提到「愛己」、「愛家」，之後就會「愛國家」。我們都懂得疼愛自己，我們都懂得愛我們的家人。在「愛己」當中，都要學習中國傳統道德規範，就是禮、義、廉、恥，即是要有禮貌、把事情做好、要有廉潔的心；雖然是「恥」，但我們要檢討自己，之後要如何做得更好。「愛家」也是如此，「孝」就不用解釋了，一

定要孝順我們的父母和身邊的長者，也要關懷和關心他們；然後是「悌」，我們要愛惜我們的兄弟姊妹，因為我們是一家人；「忠」，我們一定要有一個忠誠的態度，不是一個盲目順從的態度；最後，我們要有「信」，即是有信心，除了有信心之外，我們做事要誠實。有了這些特質就會形成「愛家、愛己、愛國家」。

我們從小就要告訴小朋友，中國在哪裏？要從哪裏看？要從地圖看。你們不要以為小朋友不懂，有些小朋友會告訴我：「上個月我去海南島，海南島在哪裏？坐了飛機卻不知道在哪裏。」我們可以告訴他，它的地理位置在哪裏，叫他從地圖找出來。在春節的時候，有小朋友跟我說：「校長，我回去潮州了。」我問他：「那是你的家鄉吧？」他認識的地方，我們可以告訴他在哪裏，例如福建在哪裏。有些小朋友還會告訴我，他去了四川探望婆婆，那麼四川在哪裏？原來是地圖的中央位置。小朋友其實懂得把地區找出來，我們不要以為小朋友甚麼都不知道，他們都明白的，我們慢慢讓他認識中國地圖，也讓他知道香港也是中國的一部分，我們要告訴他香港的位置在哪裏，那麼小朋友從小認識中國的版圖的時候，其實很容易去教育他們。

既然我們是中國人，剛才許校長都已經告訴了我們，國歌是最重要的。國旗，我們的小朋友都認識，國旗是怎樣的？是紅色的，有五顆星，一顆大星和四顆小星星組成，我們要告訴小朋友。我們要認識國徽，我們見過的，在哪裏見過的？可能在中聯辦的門口見過，或是在報章或書刊上都見過國徽，不

用我再介紹了。剛才許校長也有介紹過國歌，小朋友會唱國歌嗎？會的，我們的小朋友都會唱國歌，我們會定時跟小朋友唱國歌。其實，近年教小朋友唱國歌並不太難，因為在電視的新聞報道前都會聽到國歌。

我們又會舉辦一些文化活動，例如武術。我們中國的武術是不是很厲害？很簡單的，小朋友真的會幾種簡單招式，比如是少林寺的拳法，讓他們知道原來武術不是用於打架，那是用在甚麼地方？其實是為了強身健體，這也能讓小朋友從中學習；還有皮影戲，我想每一間學校都做過這種活動，小朋友會設計一些玩偶或是人物，然後進行表演和話劇。這些都是小朋友容易掌握的。京劇和戲曲，有時候我們不妨讓小朋友欣賞一下，例如粵曲，有空的時候可以讓他們聽，或是戲曲也可以播給他們聽，也可以給他們欣賞一些短片，他們都會懂得欣賞。

在中國節日，例如農曆新年、清明節，端午節、中秋節、國慶，這些節日都可以提供一個活動給小朋友，讓他們度過一個開心和愉快的節日。我們的中國食物都是很厲害的，我想大家都品嚐過，而我們學校的老師都曾經做過冰糖葫蘆給小朋友品嚐，真的用了草莓再加上蜜糖漿，然後放入冰箱，給他們品嚐，也有狗不理包子、湯圓、餃子，最開心的還有片皮鴨。這些美食，可以和小朋友的生活結合。

在藝術方面，我們有剪紙的活動，等一下再跟大家分享我們的剪紙水準是如何。我們可以推動這些活動，例如水墨畫，不要只用蠟筆和顏色筆去繪畫，原來小朋友也能拿着毛筆去畫

水墨畫；還有書法，在過年的時候，可以教教他們寫揮春，他們都會感受到毛筆字體的氣勢，知道這是中國的書法。此外，我們中國有很多罕有動物，是世界上獨一無二的，例如大熊貓和中華鱘，有數千年歷史，這都是罕有動物。有很多人都不知道原來金絲猴都是中國的特產，在我們中國才有這種動物，跟小朋友分享的時候，他們會產生很多好奇心。

中國的名勝，我們可以告訴小朋友，萬里長城是怎樣的。當我們學校的老師叫他們拼一條萬里長城的模型，並協助小朋友完成這個項目的時候，小朋友都很高興，學校的活動室和走廊都被他們佔據了。當你路過的時候，他們都會告訴你別太靠近，不要弄倒模型，他們會知道這是萬里長城。它有甚麼用途？我們知道是用作保護國家。西湖雷峯塔亦是中國十大名勝之一，雖然小朋友還小，可能沒見過，但是他們會記得，當你告訴他們之後，他們長大後到這個地方旅遊的時候，他們就會知道雷峯塔原來是長這樣的。我們也可以帶小朋友到故宮博物館欣賞。另外，還有張家界的天梯，這是屬於大自然的風景，為甚麼它會有個洞口呢？小朋友會產生好奇心。有些父母在假期的時候，都會帶小朋友去參觀，他們就會知道這是老師介紹過的，這是老師告訴過我的，這些方法都是可以讓小朋友知道我們中國的特色名勝。

接下來，我就分享中國的輝煌史，先來談談中國的運動員，他們的體魄是多麼的身強力壯，小朋友看到參加跳水的運動員進行高台跳水項目，他們的姿勢是多麼的優美；我們的中國體操運動員，他們的身體能做出協調的動作，讓我們在運動

會上贏得多面金牌;還有舉重和女子排球,不要以為小朋友看不懂這些比賽,他們會告訴你比賽分數,以及是哪一隊領先。

中國的航天科技,我認為應該要多跟小朋友分享,因為他們是我們未來社會的主人翁。老師製作了壁報,然後小朋友就告訴我這是某位航天員。我記得有小朋友把劉洋的名字寫在壁報上,國家的航天科技的發展是非常龐大。未來的航天科技和太空探索,要教育小朋友讓他們知道,除了火箭之外,以後的技術要靠他們去開發。現時香港的大學與航天科技也有些連結,例如有些組合的裝嵌,其實都需要靠我們未來的小朋友去進行。

另外,又可以向小朋友介紹中國的服裝,好像我一樣,今天小朋友見到我之後,就跟我說:「校長你好美啊!」我今天穿了中國的服裝,因為我平日很少會穿中國的服裝,所以小朋友會問我這是甚麼服裝,我們可以告訴他們是中國的服裝。他們有很多機會可以穿。甚麼時候可以穿呢?譬如過年的時候,他們會穿中國的漢服回來,我們可以向他們多作分享,讓小朋友從小認識自己是中國人,了解中國的特色。

我參加了國史教育中心(香港)統籌的「明日棟樑:青少年國史教育計劃」我非常感謝中國銀行(香港)贊助這個活動。到目前為止,我已經參加了兩年,今年是第三年,我們的老師會發揮他們的創造力,創作一些水墨畫,是怎樣做的?小朋友一開始其實並不會畫山水畫或熊貓,我們會對他們的手肌肉進行訓練,怎樣握毛筆,怎樣落筆,怎樣控制粗、細、濃、淡。原

來墨水的不同色調會產生「滑」的線條。我們會從基本功開始，而不是一開始就教小朋友繪畫整幅山水畫，這是沒有可能的。當教會他們如何掌握毛筆，從這步驟開始，由長到短、粗到細、濃到淡，他們自然會產生興趣。每年的課程我們都會教小朋友，告訴他們即使弄髒了衣服也不要緊，穿圍裙就能解決，要讓他們親自嘗試。另外，小朋友最開心就是剪紙活動。不要小看剪紙活動，當他們完成作品後，你會發現原來他們都很厲害。我要感謝我們的教師團隊，因為他們都很用心，一開始只是在手工紙上繪畫圖案再剪掉，或是對摺紙張，再剪裁，但原來不只是這樣，小朋友有些會摺成三角形再剪裁，可以摺成四角形再剪，五角剪，甚至是六角剪。在這邊我要感謝中國銀行（香港）提供資助予我們，我們會繼續舉辦活動，讓小朋友剪出不同形狀的花朵，他們剪裁完成後會贈送給嘉賓，或是在畢業典禮，我們不會再送禮物，而是把小朋友製作的圖案花作為裝飾，再贈送給嘉賓。

我要分享的內容已經講完了，愛自己，一定要愛自己，要知道自己的特質，才能達到家庭幸福，擁有美滿的家庭，最後才會有國家，我們的國家才會昌盛繁榮，這是我們的目標和理念。最後謝謝各位，在講出謝謝之前，我想行一個拱手禮，這是我最近才學會的，男士的拱手禮是右手疊左手的，女士的就是相反的，是左手疊右手，謝謝大家。

國徽之美

許振隆校長
香港教育工作者聯會黃楚標中學校長
香港升旗隊總會創立人

　　過去幾次有關國家象徵的分享，已包括了國旗和國歌，今天跟大家談一談「國徽之美」。

　　國徽是國家象徵之一。國旗隨處可見，國歌適時可聽，但是國徽在日常生活中我們則較少接觸。過去我們的確很少有機會見到，但近年卻多了。除了在人大政協的新聞報道可以看到外，我們在政府總部和立法會議事廳也可以看到。因此，這個國家象徵對我們是重要的，但似乎又有點陌生。

　　大家細想一下，當我們到內地交流、回鄉探親或往外國旅遊，我們手上拿着的特區護照和回鄉證（《港澳居民來往內地通行證》）上面，其實也印上了國徽。此外，你在內地若不使用微信支付和支付寶，而是使用人民幣的話，它上面也印有或鑄有國徽圖案。因此，國徽對我們來說好像很陌生，但實際卻是很熟悉的。

今天跟大家談「國徽之美」，那麼究竟國徽美在何處呢？

國徽並不是一個圖案，它是一個國家的徽章，包含了紋章學的設定。它的形體和顏色，背後都具有特定意義。國徽更是一個國家的標誌，代表了國家的主權和尊嚴。以下我會深入淺出地讓大家了解一些可能過去未必注意到關於國徽的內容，從而認識它七個方面的美。

1949 年 10 月 1 日開國大典上，已經有國歌和國旗，但為甚麼卻沒有國徽呢？

早在 1949 年 1 月人民解放軍隊和平解放北平，4 月 23 日「百萬雄師過大江」，統一全國的大局已定。6 月，中國人民政治協商會議召開籌備會議，其中第六小組負責制訂國旗、國徽和國歌，並在全國報章刊登啟事，徵集國旗、國徽和國歌。所以我們的國家象徵是透過民主參與的方式來擬定的，也正是人心之「美」。

《徵求國旗國徽圖案及國歌辭譜啟事》中明確列出國徽需要有三個特徵：（甲）中國特徵；（乙）政權特徵；（丙）形式需要莊嚴富麗。第三點顯示，國徽不單是一個徽號，更需要具有莊嚴性和富麗堂皇的感覺。這份七十三年前的啟事，清楚列明了這樣的要求。所以國徽使用了金色和紅色，不就是很貴氣和富麗堂皇嗎？由此可見，籌備新中國成立的每一件事情，都是精心策劃的，這正是用心之「美」。

《徵求國旗國徽圖案及國歌辭譜啟事》在 1949 年 7 月 14 日至 8 月 15 日，於內地、香港及海外各華僑報章上發表，包括《人民日報》、《光明日報》等。可是，到了 8 月 20 日截止，只收到 112 份國徽設計稿和圖案 900 件。經過第六小組審視後，沒有一份能符合要求，於是他們向主席提出建議，請專家另行擬製。9 月 21 日，第六小組向主席提交報告時，就在報告上寫了這段文字：「……多數不合體制，因為應徵者多把國徽想像作普通的證章或紀念章。」就像很多學校在校慶時設計的徽號，或是一個團體製作的會徽，無法展現徵求啟事提到的三個特徵。所以報告又說「合於國徽體制的來稿……僅四五式」，也就只有四五份可能和要求的特徵相近。最後審視還是覺得不合適，故此當時就有了一個新決定。9 月 25 日，毛澤東在中南海豐澤園召開座談會，邀請了一羣知識份子和開國時的重要人物，包括馬敘倫、沈雁冰和海外華僑陳嘉庚（廈門大學、集美大學和香港集友銀行的始創人）等出席。座談會上確定了國歌和國旗，那麼國徽自然也在討論之列。最後大家認為已經決定了國旗，國徽既然決定不下來，不如之後再處理，毛澤東就說：「原小組還繼續存在，再去設計。」當中的「原小組」就是指第六小組。結果 10 月 1 日的開國大典上，沒有國徽就是因為來不及完成設計。這是實事求是之「美」。

　　來不及設計，那怎麼辦呢？那就要找有專業知識的人士擔任。張仃教授來自中央工藝美術學院，而梁思成和林徽因來自清華大學營建學系，即現時的建築系。梁思成和林徽因在美國修讀建築，後來更共諧連理。他們回到中國後，為我們國家的古建築做了很多研究和保護。第六小組邀請了清華大學梁思成

和林徽因組，與中央工藝美術學院張仃組分別設計，看看哪一組的設計更合適。

清華大學組設計的國徽，包含了幾個內容：國名、五星、齒輪和嘉禾（麥稻穗）。為甚麼要這樣設計呢？中間的圓形是甚麼呢？大家有聽過「璧」嗎？就如成語完璧歸趙的「璧」。「璧」是古代的禮器，象徵統一，而玉性溫和，象徵和平。所以採用璧來作國徽的外圈，上面加上了國名，左右有麥稻穗。下面中央那個並不是今天國徽的齒輪，而是孔大而璧小的「瑗」，用來束着紅綬。這是古意之「美」。

1950 年 6 月 10 日，全國政協會議第一屆全國委員會第二次會議第八次常委會召開，決定「國徽小組討論並由梁思成設計修改」。在「五四運動」和明清時期，天安門是一個非常重要的地方，所以由周恩來提出修改，決定將天安門放上國徽。可是，大家又覺得設計稿上的天安門太像風景畫，看起來太真實，應該用意象呈現會比較好一點。6 月 20 日，清華大學組的設計方案勝出。他們寫了一份很詳細的《國徽設計說明書》，當中提到這個設計古雅，有金色的星，紅色的底色，以革命的紅色作為天空，象徵無數先烈的流血犧牲。6 月 23 日，這個設計方案終於在全國政協會議上通過了。要把這個設計從平面而製成立體，梁思成推薦了清華大學建築系的高莊進行立體設計。8月 18 日高莊洋洋灑灑寫了一封信給毛澤東，提了一些對於立體設計的建議。毛澤東表示按他的意思去做，結果他做了不同的石膏模型。9 月 20 日毛澤東確定並簽署了中央人民政府命令，通過了這個國徽的製作。這是用心之「美」。

國徽從設計到製作，承擔每個細節的人都很盡心。一件表面上可能是很簡單的事，其實背後有很多人默默付出。七十三年前新中國成立時，各方面的物質條件都很差，但每一個人都盡心盡力在自己的知識範疇內做到最好。設計稿第一輪不行，就做第二輪，第二輪不行就繼續做第三輪……他們沒有因為是教授的身份而不提出意見。設計通過之後，更要由平面變成立體。高莊為立體設計打樣的過程中，有一件非常感人的故事：他每天在強光照射下製作石膏模型，長期對着反射的光線，令他的右眼近乎失明。高莊八十歲時，他寫了一首這樣的詩：「老牛老來甘埋頭，步步耕耘不求酬。青草吃飽已足樂，白骨願入藝人手。」帶出了那種奉獻精神。國徽雖是一個標誌和符號，但是背後卻有無數人為它付出過，展現了人性之「美」。

　　從 1950 年的國慶閱兵照片，你可以看到天安門城樓上已懸掛了國徽，到今天先後懸掛過四枚國徽。第一枚國徽本來計劃用金屬鑄造，但從設計通過到國慶一週年，時間上根本趕不及，所以只能用木材去製造。可見時間雖然很短，但大家都盡心盡力要把它掛上去。到了 1951 年五・一勞動節前，已經換上了在瀋陽製作的金屬國徽。這枚國徽比今天標準的國徽更大。標準的國徽只有三個尺寸，就是 100 厘米、80 厘米和 60 厘米。天安門城樓上的國徽特別大，它的尺寸是 2 米 47，比我們的身高還要高得多，所以看起來特別宏偉。1970 年，天安門城樓重建，其後懸掛了一枚由木材製造的新國徽，這就是第三次更換。從 1970 年至 2019 年國慶七十週年，這枚國徽懸掛了四十九年，受盡風吹雨打，開始褪色，於是便決定更換一枚新的國徽。當時有討論過用金屬製作不是更耐用嗎？最後還是

覺得木製的更好，所以現時天安門懸掛的第四枚國徽也是木製的。這是匠心之「美」。

　　因此，國徽之美，不單是它外在的美，更重要是每一位設計者和製作者，都盡心盡力，展現了人心之美。在天安門廣場、人民大會堂等地方，我們看到懸掛着的國徽，我們在不同角度看到它不同的功能、不同的面貌。所以日後我們跟別人分享國家象徵的點點滴滴時，可以引領大家去欣賞國徽多方面的美，而不單純粹定義它為一個標誌或符號。

如何在學校推動國情教育

吳永雄校長
佛教林金殿紀念小學校長

總監、許校長、大家好。

我嘗試以作為三十年前線教育工作者的身份向各位分享如何在學校進行國情教育。幼稚園和小學，我們稱為「初等教育」階段，價值觀教育非常重要。我認為建立小朋友的價值觀，必須在幼稚園和小學階段做好，如到了中學才進行便太遲了。當學校進行國情教育，是重塑及疏理一些教育重點，將之適時地放在適切的位置，學校並須閱覽教育局的相關文件。我認為價值教育並不是新的事物，這七個學習宗旨其實都是大家熟悉的，當中與國情教育有關的，一定是「國民身份認同」，相信在座各位資深教育工作者都知道，這絕非新的內容。這七個學習宗旨都十分重要，我們需要把每一項都做好。

最新版本的《小學教育課程指引》（試行版）(2022)，當中提及價值觀教育的部分，一開始時是九個價值觀，其後就特別提到勤勞是首要培育的，成為第十個價值觀；配合課程指引，當中提到國民身份認同，我覺得可以將它們扣連在一起。除了

價值觀教育之外，還要留意國安教育、國民教育。大家最近都知道，新入職及轉職的教師都需要通過《基本法及香港國安法》考試，因此，無論為了自己的教育事業及為了做好教育事工，大家都必須做好準備，了解當中要點。當大家設計校本課程時，必先閱讀《香港國家安全教育課程框架》及相關課程指引，以免出現謬誤。

看看「課程框架的重點」這個部分，當中反覆提到六個重點：「有機結合」、「自然連繫」、「多元策略」、「互相配合」、「課程內外」、「全校參與」。初步去理解這些詞語，你會發現其實是將不同的元素「自然」地「連繫」起來。「多元策略」指從多方面去發展，有點像全方位學習活動；「互相配合」，就像學校行政組之間的配合、科與科之間的配合。以上種種，說穿了，其實我們在課堂內外一直都在進行，絕非突然多了新的內容，而是我們要將內容重新編排在合適的位置。「全校參與」，其實學校所有活動均應全校參與，現在每一個老師都不可純粹教學，同時須擔任行政工作，要提升學校效能，必須全部人一起參與，共同承擔與成就。

那要怎麼做呢？在「有機結合」和「自然連繫」方面，我以中華文化為例，我們都是中國人，香港是國家的一部分，要以中華文化作主幹，便須配合中華文化和國家歷史。我覺得這個部分，在教導幼稚園和小學同學時都有些區別。幼稚園小朋友年幼，不宜讓他們閱讀太多文字，幼稚園老師要作微調，例如多加些圖像及具體生活事物，讓幼兒有興趣學習。

對小學而言，我們會作一些跨課程設計，連繫與國安教育和國民教育有關的內容，我們會以科目來扣連。與國民教育有關的科目，大家自然會想到中文科。一直以來，中文科的課程指引，教師除了要教導同學認識中文字的形音義、遣詞造句、修辭謀篇等，仍必須教導學生品德情意。品德情意教育在我們一開始當老師起就當教導同學，尤其中文科更是最貼近教導同學品德情意的科目，老師必須因時制宜，適時進行國情教學，這是作為教師的專業表現。例如，某個年級的中文科教科書，其中一課叫「中國太空人升空」，中文老師教授這課時，當中的語文基礎知識仍是必須教授的，只是當提及與我們中國人有關的內容時，可以讓同學了解到：「我們中國人很強大，中國人也可以上太空。」在這些地方滲透出一些國情教育元素便可，而非直接對同學說，我們現在是教授國民教育，這樣既突兀又不專業。

　　小學常識科及普通話科也很能配合國情教育及價值觀教育，譬如提及國慶、節氣及時令食物等合適主題。老師在同級共同備課會議中，討論有沒有課題或主題可以配合國民教育，或是加入一些品德情意的學習元素，作出校本調節。誠然，這須老師花工夫作有機結合，方能讓同學享受主題學習的好處。否則，同學在上學期學完 A，直到下學期才學 B（但其實 A 及 B 的主題是可以相連的），如此他們很快會把所學忘記得一乾二淨，也必窒礙國民教育及價值觀教育的成效，因此老師必須善於把能夠配合國民教育的元素作「有機結合」。

　　音樂科方面，我們發現同學年紀越小越積極投入，年紀越

大越被動害羞。高年級男同學開始變聲，他們上音樂課唱歌時或很吝嗇，不願唱。由於本校同學人數較多，週會分成高、低年級進行。在低年級週會上，當升國旗及奏唱國歌時很明顯感受到一、二、三年級同學的音量很大，精神抖擻；高年級週會時，高年級同學的音量就較遜色了。音樂老師在教導同學唱國歌時，應引發他們的歌聲，並讓同學理解國歌歌詞的意義，要讓國民教育元素自然融入到課堂中，這好像許校長剛才提到，我們在研究國徽設計的時候，要讓同學感受它的美。

電腦科可以教導同學資訊素養，資訊素養十分重要。我們在網上很容易找到很多資訊，尤其是高年級同學，基本上每天都會使用平板電腦和手提電話。我們要教導他們有哪些行為需要學習，哪些行為必須避免，這些資訊素養都是教師必須教授的。

小學有成長課，惟以往的成長課未必有太多關於國民教育的主題。我在這裏向各位同工推介國史教育中心 (香港) 何漢權校長團隊，他們下了很多工夫，已制定好不少教案。各校可因應校情及校本需要作出微調，毋須由零開始。我校參與了國史教育中心 (香港) 的「價值教育 —— 老師培訓計劃」，其中有教導三年級「守法護法」的主題，國史教育中心 (香港) 團隊都有來觀課和給予意見，互相分享和交流經驗，師生的反應都很好。

我印象很深刻的是本校黃主任用了「收買佬」遊戲來教導「守法護法」。黃主任一開始沒有提出任何條件，只是說收買佬

現在收購甚麼，然後小朋友會用盡各種方法得到物件，因為要鬥快，後來有些同學犯了規，例如搶了別人的東西，最後才問他們「最快的同學是否最值得贏？」慢慢將守法的內容滲入當中，告訴同學，國家和香港其實也有法規需要遵守，以這種方式一步步教導同學，他們就會學懂了；此外，老師還巧妙地運用了同音詞，老師問同學「你們晚上洗頭髮時都會用護髮素吧」，「護髮」與「護法」同音。我們要保護自己的頭髮，就像要保護自己的國家及社會的法律一樣重要。護法是保護國家的法律，其實也是在保護自己。國史教育中心（香港）也認同這是一個很好的切入點。這種方式比較生活化，同學覺得這些內容不太複雜，漸漸便會明白箇中要義，藏於心中。

近年經常提及「跨課程閱讀」，中文科、英文科、數學科均閱讀課外圖書。「跨課程閱讀」打破了課程的框架，我們不需再局限中文科要閱讀哪類書，英文科要閱讀哪類書，而是透過主題去扣連一些閱讀素材。學校圖書館設置了專櫃，圖書館主任按照要推行的國民教育主題，把相關書籍放置在專櫃，讓同學在小息或午膳時間借閱。有了專櫃，同學就不用到處找尋，方便閱讀；而不是以一個課程框架去限制他們。

教育局也提供了很多網上閱讀資源，例如跟中華經典相關的。因為我本身修讀中國古代文學，很喜歡閱讀古文，對此特別推薦。現在教學已經靈活化，還有很多動畫，這些都很適合幼稚園的同工運用。我覺得網上平台可以幫助到大家，素材是由教育局提供，大家不用擔心當中含有不合適元素，可放心給予幼稚園小朋友閱讀，當然更歡迎家長與孩子共讀。

「多元策略」方面，剛才也有提及到，就像「全方位學習活動」，以往我們稱為「課外活動」，近年稱為「全方位學習活動」，「全方位」即是任何時間及空間都能做到，「全方位學習活動」與國民教育有關的元素可不少，譬如中國舞，有一些少數民族的舞蹈，如彝族及回族，透過舞蹈，告訴同學中國原來有很多民族，共有 56 個，從而讓同學認識國情。

　　又如水墨畫班，水墨畫是中國畫，在教導水墨畫時，可以教導同學用毛筆沾多少水，濃淡度會不一樣，也可以向他們介紹一些中國的名書畫家，例如齊白石，這都是國情元素，正是「互相配合」和「多元策略」。

　　我校有升旗隊，陳主任花了很多心思訓練同學，剛才負責升旗儀式的三位同學都是六年級的，今天是呈分試第一天，今天考中文，明天考英文。這三位同學此刻本應在家溫習和備考明天的英文科，感恩這三位同學的家長因很支持同學們參與今天活動，故讓他們完成升旗儀式後，才回家溫習。家長配合和認同絕對是成功推動國民教育的重要因素之一。即使學校提供多少配套，如最終學生和家長不能配合的話，國民教育都不會成功，所以家長、學生和老師三者必須同心同行、同氣連枝。

　　杜甫《春夜喜雨》：「隨風潛入夜，潤物細無聲。」我覺得國民教育及價值觀教育是無法即時見到成效的，不是今天我教了，明天同學就學懂所有內容，它是比較「在心中」、潛移默化的。但我深信只要我們每天悉心栽種灌溉，總有一天會見到成效的。而氛圍的營造又較刻意堆砌來得更有成效，所以我不斷

強調，我們不用太刻意強調我在教導甚麼國民教育內容，而是自然滲透在課堂內外。

以下看似跟國民教育無關，卻又密不可分。在座各位教育界同工每天迎接同學上學，大家互相說聲早，是理所當然的事情，但不知道大家有沒有遇過這個情況：同學會跟校長、老師說早安，卻較少跟工友姨姨說早安，我覺得要教導小朋友無論面對任何人均須有禮貌、說聲早，我們若不以為然，小朋友便不知道自己做得不好。我們每個月都舉辦家校聚會，家長很支持學校，每月出席者眾，包括一至六年級家長。我每次在聚會開始前均會溫馨提示家長，有沒有教導子女們每天要跟學校所有人說聲早，而不應只跟校長及老師問好，第一個見到誰就應跟誰說早安。先不論這是否國民教育，但我認為這是基本尊重他人的價值觀教育。如果我們見到同學不打招呼就以「由他吧」的心態對待，到了中學時，同學就不會主動跟別人問好，這是需要我們每天堅持教導的。

又如我校最近舉行了五十週年金禧校慶，當中也不乏中華文化元素：林金殿醒獅隊、中國鼓表演、以古裝話劇形式串連校慶故事等。這是否我們特意串連中國國情呢？其實不然。因為學校本身就有中國鼓班、醒獅隊，我們只是把本來已有的項目做好，再作有機聯繫便水到渠成了。教育工作者要做好篩選和平衡優次，與其把覺得精彩的新項目不斷加進來，我會建議大家先把現有的項目做好。我們把學校原有的特色專項訓練，配合校慶主題串連起來，將它們做得更專精和深入。而在過程中滲入了一些國情元素，例如中國鼓蘊含的中華文化 —— 我

們為甚麼會穿着這些服飾？紅色代表甚麼？均有其象徵意義；獅隊中的南獅和北獅很不一樣，當中又蘊藏了很多中華文化精粹，我們透過這些細微處，慢慢將當中蘊含的意義教導同學，這些都是很重要的國情教育。

我自己很喜歡寫毛筆書法，禮堂裏的校名和校慶橫額字都是我寫的。今年我校新增了一個活動，在 9 月 1 日開學禮中加入了開筆禮。全校同學每人都收到一張紙，當中有我們佛聯會屬校的校訓 ——「明智顯悲」，我帶領同學們一同描寫校訓。「明智」即「明平等智」，眾生平等，我們要啟發各人的智慧；「顯悲」即「顯同體悲」，我們要有同理心，關愛他人。單看校訓，其實已經是國民教育的內容。我相信每間學校的校訓都蘊含教導同學做人處事的人生哲理和價值觀。

紙上的第二部分有一個「人」字，希望同學在開筆禮中描寫「人」字時學會做人。「人」的筆畫很少，只有一撇一捺，要寫好「人」字卻很困難，筆畫越多的字容易寫得好，筆畫越少的字反而越難寫得好。因為筆畫越多的字在裝字時可以作出補救，令整體變得好看；只有兩畫的「人」字，只要一撇或一捺寫歪了，「人」字就不端正、不好看。正是從學寫字之中學習做人，要從最根本的做起及做好，這何嘗不是國情教育？

另外，我校有一個活動是向在座各位幼稚園校長及老師「取經」的，每次我參與幼稚園畢業典禮，都會見到老師們用心地將每一個小朋友由 K1 至 K3 的個人照片製作成對比短片，家長看到都很感動，因為看到了小朋友重要的成長過程；另外，

幼稚園又會為小朋友舉行生日會，可惜小學卻鮮有為同學舉辦生日會。於是我校從去年開始，每月舉行「生日之星便服日」。我們在每月都會定下一個日子，例如 9 月生日的同學可以在 9 月的指定日子穿着便服上學，當我們見到同學穿便服，就知道他們在該月生日，師生們見到了便可向他們說聲「生日快樂」。然後壽星仔女會聚集在禮堂，學校為他們唱生日歌、送上生日禮物。大家不要小看這個活動，也不要以為只有一年級同學才會着緊，原來六年級同學也很在意生日會。這個活動我們進行了兩年，家長也很開心和滿意，他們說小朋友回到家中會跟父母分享：「我今天很開心，學校為我唱生日歌、舉行生日會。」有些六年級同學已長得很高大，但內心其實還是很須別人關愛的。我覺得這是一種正向價值教育，讓同學得到關懷，從而學會珍惜和感恩。

今年我們配合每月生日之星多做了一個活動，就是要生日同學向父母送上心意卡。為甚麼呢？因為同學們生日，卻同時是媽媽的受難日，他們出生那天同時是媽媽忍受生育痛楚的一天，所以同學要從中學懂感謝父母，我們要教導同學們感恩惜福。我校五十週年金禧校慶以感恩為主題，正是希望小朋友透過這些價值觀教育去學懂珍惜、感恩和尊重。剛剛提及的「多元策略」，我校便設有「百日感恩禮」，靈感沿自嬰兒出生後，父母為孩子舉辦百日宴。我們為升上小學一百天的一年級同學們舉行「百日感恩禮」，我們特意邀請所有一年級家長到來。學校先準備好一些鮮花，我們五位一年級班主任為自己班同學設計表演項目，讓他們向父母表達心意，獻上鮮花。當父母看到子女的用心表演及收到鮮花都會很感動，有些更會抱着小朋友

哭了起來。我們希望小朋友可以由此學懂孝順。無論是國民教育，還是價值觀教育，我們都是要教導小朋友做一個好人。

　　另外，每間學校都會舉辦慶新春活動，我校比較特別的地方是我開辦了家長書法班，由我任教，我的初衷並非為了推動國情教育，而是因為每年我都會寫很多揮春送給小朋友，數量約一千張，於是我想到一個方法，就是我教導家長們寫書法，到新年時家長就可以幫忙寫揮春。我們每年都有六十多名家長參加，六十多名家長代表有六十多個家庭，家長回家要練習書法，做功課交給我。意外驚喜是：第一，家長反映當子女看到他們在家認真寫書法交給校長之後，原本坐不定的小孩都會變得乖乖的，坐在父母身旁專注地做功課；第二，小朋友的字都比以前寫得好了，因為他們看到父母都在認真地寫字，自己也都坐姿端正地要把字寫好，家中漸漸地營造了一個氛圍。整件事讓我感到很開心，因為學校和家長正在同心同行，做着一些正向事情。誠然，我們只是在做着一些微小的事情，像我剛才講的每月生日會、每天講早晨等，都是從小事開始做起，但這也正是我剛才說的「潤物細無聲」，你不知是何時有收穫，但只要每天像播種一樣，悉心及堅持地栽種就可以了。

　　或問在疫情之下能做到以上的慶新春活動嗎？我們還是能做到的，以線上形式進行，學校有老師搓湯圓，有我寫揮春；親子則在家中搓湯圓、寫揮春，然後就在鏡頭前展示。此外，我們學校的面書專頁在年初一到年初十都有揮春帖文。初一是「一家團圓」，初二是「二氣雍和」……一直到年初十，之後就整合初一至初十的揮春，再發佈帖文。字是我寫的，而內容就是

老師幫忙構思。因為今年初一至初十的祝賀語不能跟去年的一樣，我已經自我構思及書寫了兩年，今年起，我決定「全校參與」，所以老師也會幫忙構思。這些活動凝聚了國民教育的氛圍，老師幫忙構想由一至十組成的四字祝福語，當中蘊含了中國人的無窮智慧，言簡意賅，用幾個字就能表達深情與至誠的祝福，這正是中華文化的底蘊精神。我們每年農曆新年堅持這樣做，共同祝福全校老師、家長及同學，全校團結溫馨的氛圍就這樣形成了。

至於「價值教育 —— 老師培訓計劃」，我想每一所學校都會進行的，教育局也會派人到校主持國安教育工作坊、舉辦專業考察交流團等。除教師外，我們特別着重家長教育，除每月家校溫馨聚會，我們每年均舉辦家長學堂。我們今年將舉辦第二屆家長學堂，進行一些主題講座。譬如第一屆的講者有我、張笑容女士、陳庭三博士和麥潤壽先生等，每一位嘉賓講者主講一個主題。家長出席四堂課後，我們就會頒發畢業證書，他們會穿畢業袍、戴畢業帽，出席我們專誠為各位家長學員而舉辦的家長學堂畢業典禮。第一屆家長學堂畢業典禮共有超過一百五十位家長出席，他們十分重視，更邀請了自己的配偶及子女到來，小朋友會為父母獻上鮮花，有些父母感動地哭，是因為有些家長沒讀過大學，但是他們透過這次機會，可以跟子女說，雖然我沒有讀過很多書，但是仍然堅持抽時間來到學校上這四堂課，為你做一個好的身教典範。有些家長跟我反映，他們的子女受到這件事感動及啟發，學會了珍惜現在，積極學習。

對於未來的展望，我們會繼續推展國情教育及價值觀教育，我們將會在一年級試行「桌上遊戲學基本法」活動試驗計劃，我自己都覺得挺好玩的。幼稚園小朋友都可以嘗試玩。這是桌上遊戲，當中滲入了《基本法》和國民教育的元素。國史教育中心（香港）可以提供資料，我覺得透過遊戲形式進行的學習，效果都會較好；至於高年級同學，則會嘗試配合生涯規劃推展國情教育。

　　最後進行總結。在座諸君均為人師表，「師者，所以傳道、授業、解惑也」，我們都是為了履行樹德育人這個天職才會當上老師。國情教育及價值觀教育都不可一蹴而就，效果不能即時彰顯，不過我們每一天仍必須努力不懈地為培育好我們下一代而悉心栽種，所做的事必須走着正確的路向。剛才提到的「有機結合」等六個重點，大家不用覺得是洪水猛獸，也不應施加太多額外工作量，否則過猶不及，只會適得其反。我們只要把現在的事情做好，配合國情教育及價值觀教育元素，作出統整、修訂、增潤、協調，成效終可看見。

　　上述分享均是我從事教育工作三十年的經驗累積，實非甚麼真知灼見。只是我每一年都會要求自己做得比去年好一些，每一年都會為我們的下一代構想多一些，我深信推動國情教育及價值觀教育的態度也應如是，只因用心及認真地樹德育人，才是學校教育的真諦。祝福明天會更好，大家共同努力，共勉之。謝謝各位。

懷遠以德，協和萬邦
—— 海上絲路的文化意義

孫華教授（下稱：孫）
香港教育大學訪問教授
北京大學考古文博學院教授

梁超然校長（下稱：梁）
寧波第二中學校長
中國民俗民間文化藝術文流協會（香港）會長

許景輝博士（下稱：許）
香港教育大學協理副校長【學生學習】兼課程與
教學學系首席講師

一、絲綢之路的概念及演變

孫：「海上絲綢之路」不是一個獨立產生的概念，它是從「絲綢之路」延伸出來的概念，所以我們要了解「海上絲綢之路」就必須了解「絲綢之路」。「絲綢之路」這個概念也是近代的創造，原本指古希臘地理學家泰爾的馬利奴斯（Marinus of Tyre）記錄的，從幼發拉底河向東一直到賽里斯（Seres），大家都認為這個地方是指和中國相關的區

域，這樣一個東西交流的路線。德國地理學家費迪南·馮·李希霍芬（Ferdinand von Richthofen）在 1877 年出版的《中國 —— 我的旅行與研究》(*China: The results of my travels and the studies based thereon*) 這本書裏，首次使用了「絲綢之路」的概念。事實上，馬利奴斯的觀點和看法是由托勒密（Ptolemy）這位地理學家記錄的，在他們的記載中有提到這個路線，但並沒有說這條路線是專門為絲綢貿易新建的路線，沒有記載它們之間的特殊關係。但在當時的歷史背景下，古代的西方古國的希臘羅馬的貴族們，都把東方來的絲綢當作奢侈品，都追求獲得這種奢侈品。這條道路上最具有代表性的產品和商品就是絲綢，所以李希霍芬就想通過地理考察、歷史材料的梳理，來復原這條古代路線，他想給這條古代路線一個標誌，給它一個名稱，所以這個名稱他就用了「絲綢之路」（德文為 Seidenstrassen；英文為 Silk Road）。

李希霍芬已經認識到東西方之間的交通路線，馬利奴斯等記載的只是其中一條，實際上可能有多條。李希霍芬的研究重心是塔里木盆地，也就是在新疆。他認為這個盆地很重要，有多條出入這個盆地的通道，而被他稱之為「絲綢之路」的通道，是聯繫西方和東方最重要的一條通道。李希霍芬又把絲綢看作是西方世界最早接觸、了解中國的重要推動力，支撐東西方之間的交流長達二百多年，直到東漢中晚期，東漢政權失去了對塔里木盆地的控制，這時中西交流才發生中斷。

這樣的一條文化交流的路線，實際上對東西方之間互相的了解，包括對絲綢本身的了解，那都是很有幫助的。在一些更古舊的知識裏，絲綢是如何出現的？是種出來的，還是從其他途徑獲得的？西方並不知道，當中有很多錯誤的認識，直到後來才知道和蟲子有關。絲是一種蟲子吐出來的。而這種最基本的知識也是通過這樣的道路傳播的。

德國學者赫爾曼（Albert Herrmann）是絲綢之路概念的強化者和定義者。他定義「絲綢之路」是「絲綢之路的名稱，正如人們所見，最早是由李希霍芬使用，用於描述那條在公元前114年至公元127年之間因絲綢貿易而連接中國與錫爾河阿姆河流域諸國，以及中國與印度之間的中亞交通路線」。這是赫爾曼對絲綢之路做了一個更明確的定義，時間、空間、標誌物俱備。赫爾曼強調了絲綢之路在中西交通史上的重要意義，他有這樣一段話：「在古代世界的交往歷史中，幾乎沒有任何一樣物品像絲綢那樣起到如此重要的作用。迄今為止，仍舊彼此陌生的兩大文化圈，即中國和古希臘羅馬，正因它而產生了緊密的聯繫。」他把絲綢的意義作了一個歸納，更強調的是互相了解，互相認識。

赫爾曼的研究成果是對李希霍芬的繼承、質疑和修正。在時間上，他沿用了李希霍芬所定義的，絲綢之路在公元前114年至公元127年的年代範圍。但在空間範圍上，他將西端延伸到敍利亞。至於東端，他做了一些考證，認為古希臘地理學家記載的東方大城並不是指西漢首都長安，而是指河西重鎮涼州，即是現在的甘肅武威。武威在佛教

史上是十分重要的，它曾經是佛教譯經中心，當然這是後來的事了。他認為東端的終點不一定以都城為界，可以以重要的商品和文化交流重鎮為界。絲綢之路在新疆有南北線，李希霍芬說南線更重要，因為要避開北線，即是說靠近匈奴的那條線容易受到匈奴的干擾。赫爾曼認為不是，北線更重要，南線不太好走，以及很多文獻記載的地點都在北線，他為此進行了一些糾正。他還做了其他的考證，後面再說。

絲綢之路的第三位早期推動者是瑞典學者斯文‧赫定（Sven Hedin）。赫定是李希霍芬的學生，他喜歡考察、探險，由於受到李希霍芬的影響，他也對塔里木盆地以及中國西北部產生了濃厚的興趣。他領導了 1927 年至 1935 年間中國和瑞典的聯合科學考察。這次考察有六個國家的學者參加，中方的隊長是北京大學的黃文弼先生。基於這次考察，赫定將在中國新疆等地的見聞出版成書，書名就叫《絲綢之路》（The Silk Road）。赫定是一個有影響的學者，他出版書籍，而且到處演講，把「絲綢之路」傳播到了很多地方，這個概念就得到了擴展。另外，他在書中提到為何要起這個書名，是因為絲綢無論在貿易範圍或是影響力上，都在經由這條商道往來的產品中名列首位，所以可以用絲綢作為代表，可見他認同他老師的觀點。赫定梳理了絲綢之路的路線走向，推算東起中國甘肅省瓜州縣，西至黎巴嫩境內的推羅，由於各個區域記里單位不一樣，因此推算中間的路程長度出現很多錯誤，最多的有說 70000 里，他推算可能是 10000 公里左右。

由於赫定這一次考察是和中國的學術機構合作進行的,因此中國學術機構、中國學術界,乃至於中國公眾都知道這項工作。當時有報社的記者隨行,像《大公報》就連續發表了好幾篇報道,在報道中已經把赫定西北探險的目的歸結為「想尋覓兩千年前中國運絲綢到羅馬的故道」。報道把他的目的說得很清楚,而且不止一次在報紙上提及,講述赫定帶領考察團,當然,他的科學考察很廣泛,但是有一個主要的目的,其中一個目的就是這個。

從李希霍芬到赫定,他們所說的「絲綢之路」,或者類似的概念,時間範圍都是兩漢時期,空間範圍都是古代羅馬的統治區域與中國兩漢之間的一條交通線,道路商品的標誌都是絲綢,當然也有其他貨品。不過,李希霍芬已經指出,當時人們其實可以通過四條道路從西方前往東方,不僅是這一條絲綢之路,除了絲綢之路以外還有三條。第二條是經過西藏的貿易路線,這條貿易路線到今天還打算「申遺」(申報列入世界文化遺產)。早前我參加了一個線上會議,討論唐國古道,就是翻越高原之路,從長安到拉薩,再到尼泊爾的蕃尼古道。這條道路在李希霍芬那個時候就已經提出。第三條是海路,就是我們今天所說的海上絲綢之路。此外,他還說到第四條,經過中國西南地區前往印度阿薩姆的一條路,就是現在所說的南方絲綢之路,或是南亞廊道東線。由此可見,絲綢之路很早已經被提出來,當時還提出了其他幾條值得關注的道路。這幾條值得關注的道路就是後來廣義的絲綢之路所涵蓋的範圍。當然,後來還有所擴展,待會兒我會說到草原之路。

繼李希霍芬後，法國漢學家沙畹（Émmanuel-Édouard Chavannes）在 1903 年撰寫的《西突厥史料》中也提出絲綢之路有陸、海兩路。

二、海上絲綢之路的價值與「申遺」

孫：海上絲綢之路與陸上絲綢之路一樣，是中國古代與域外的國際貿易通道和文化交流的線路。這條海上通道開始於秦漢，發展於六朝，繁榮於唐宋，延續到明末清初。為甚麼說延續到明末清初？明末清初，就是大航海時代，西方列強的殖民活動開始，和以前的航海不一樣，因此我們一般把下限延續到明末清初，加上清初政府實行海禁，貿易通道就此終止。

從秦漢到明末清初，它的年代範圍很大，是已知年代跨度最長、覆蓋空間最廣、航行線路最長的跨文化、跨文明的古代海上航線。海上絲綢之路開始較早，但有沒有比陸上絲綢之路早？或許沒有。在漢代時期，各國政府之間的交流未必有那麼早，所以「陸上絲綢之路」的名稱不一定那麼早就出現，但在此之前，這條路線已經存在，所以現在也有稱「前絲綢之路」。然而，海上絲綢之路的延續時間比陸上絲綢之路長。

陸上絲綢之路，按照一般的認識，由於蒙古興起，摧毀了

中亞和西亞很多商業城市，這條古老的商道就終止了。後來蒙古又修建了朝貢之路，即是收稅的進貢之路，更多的是政治、軍事方面的意義。一般來說，陸上絲綢之路的延續時間下限在宋末元初這個時期，但海上絲綢之路的下限卻在明末清初，它的延續時間要更長一些。它在陸上絲綢之路終止以後仍然長期延續，也是陸上絲綢之路的重要補充。即便陸上絲綢之路在發揮重要的作用時，海上絲綢之路也很重要，因為許多商品，像陶瓷這種又重、又易碎的產品必須通過海路運輸。

海上絲綢之路跨越的空間很大，從中國東海起航，可沿大陸航行至朝鮮半島和日本；從中國南海起航，近可到達東南亞諸國，遠則可至南亞、西亞和北非等國家和地區。

因此，海上絲綢之路是名副其實的跨文明文化線路，它所連接的港口、城市、作坊、廟宇等歷史遺存，是古代造船技術、航海技術、管理制度、商品貿易和文化交流的實物見證，具有重要的科學價值、歷史價值、藝術價值和情感價值。有些航海技術還一路影響到現在，像對洋流的認識、對航向的把握等。由於海上絲綢之路跨越的國家多，範圍大，不可能由一個「申遺」項目涵蓋所有的航線及相關城市，所以只能分步、分批來進行「申遺」，就近串聯，逐漸擴展。

海上絲綢之路「申遺」和陸上絲綢之路不太一樣，陸上絲綢之路的中國段從首都長安往西北走，還有很長的路線，但海上絲綢之路都是沿海的港口，一出去就是海，只有城市沒有

線路，必須和國外的一些海港城市聯合，才能形成點與點之間虛擬的連線，才能跨出國門，構成跨國、跨文化、跨文明的海上文化線路，這是它的難點。我們說陸上絲綢之路分段走，走中國國內，然後跨出國門的邊界，天山廊道就是如此。但海上絲綢之路不一樣，一步就要跨到海對面去。

如何實施海港城市的串聯？除了全面串聯以外，分步走的話該怎麼走？有以下三種思路：思路一，與東北亞的古國相聯繫，即是把中國北方的港口，大概寧波以北，或者長江口以北，揚州、南京、鄧州（也就是現在的蓬萊），然後到韓國、日本這些地方，這樣沿着海岸線形成的一個彎，以線路聯繫起來。這一種聯繫很容易，只有三個國家，但價值就不及後面要說的高，因為它都在東亞文化圈內，都是古代的漢字文化圈，都是佛教東傳的文化圈。因此這種思路，就叫作小的海上絲綢之路。

思路二，與東南亞的和古代海上絲綢之路有關聯的海港城市串聯，這是海上絲綢之路的貿易的主體，中間商都在這個地方，它的價值就更高一些，東方與西方的商船、航隊都在這個地方匯集。但是它沒能實現跨文明，它是一個文化交互作用區，價值比思路一高，但是還未能實現海上絲綢之路最高的價值。

思路三，更向南延展，與南亞甚至西亞和古代海上絲綢之路有關聯的海港城市串聯，或者更往外擴展到非洲的沿海，好比肯亞等國家或城市，我們也在肯亞發掘過好些中

國的陶瓷。這樣一來它的意義就很大，因為遠距離，真正跨越了不同文化、不同文明。但是，它涉及的路線太遠，涉及的國家太多，困難也顯而易見。

由於海上絲綢之路的遺產異常龐大，涉及的國家地域多，各國的訴求亦不一樣，所以聯合「申遺」的困難也很大；再加上當初教科文組織提出的「絲綢之路」、「海上絲綢之路」這些概念已具有明顯的當代意義，具有當代價值和政治訴求，容易引起政治化理解。我國推行的「一帶一路」實際上跟聯合國教科文組織推動的「海上絲綢之路」的目的是一樣的，但由中國推動就會引發某些國家的誤解，於是存在一些問題。因此現在第一步是先整合國內資源，整合國內哪些城市可以參加「申遺」，之後再和國外聯繫。

中國海上絲綢之路的主港，由於海岸線的變化、政治經濟中心的轉移，歷史上亦不斷變遷。秦漢時期海上貿易的港口集中在南海，主要港口城市，包括今天的廣西北海的合浦和廣東廣州，都是很重要的對外交往的城市。南北朝時期，海上貿易的主要港口廣佈，東海、南海都有，因為南朝和北朝交往對象不一，還要實行遠交近攻，因此當時廣州、南京、蓬萊都是對外交流的重要港口。隋唐五代時期，除了廣州繼續保持商貿海港城市的繁華以外，江蘇揚州、福建福州相繼興起，成為海上絲綢之路最重要的港口。由於南越國想和漢朝對抗，於是廣泛地聯繫周邊和遠方的國家作為後援，所以國家裏面有很多通過海上絲綢之路交往得來的一些文化產品。

兩宋至元代時期，揚州這個海港城市衰落，福建和泉州超越廣州，成為世界性的大港口，但廣州一直都很重要。明初海禁，加上戰亂影響，泉州港逐漸衰落，稍南面的漳州月港興起，在短暫的一段時間成為一個很重要的對外口岸。清代實行海禁，加上西方列強的不平等貿易延伸至中國沿海，延續近兩千年的「海上絲綢之路」失去了存在的社會條件，成為歷史遺跡，成為當時歷史和文化的見證。

為了更好地保護這些中外文化交流的遺產，2006年，泉州和寧波聯合起來，將這些城市的相關遺產點以「海上絲綢之路」的名義列入2006年中國世界文化遺產的預備名單。到了2012年，更多城市加入其中，當時加入的城市已經有九個，它們是：北海、廣州、南京、揚州、寧波、福州、泉州、漳州、蓬萊。提名的遺產點有四十個，此外還有十六處備選名單。「海上絲綢之路」已經成為中國申報世界文化遺產一個最龐大的系列遺產，即便連國門都還未走出，就已經很龐大了，九個城市，四十個遺產點，十六個備選點。當然，其中有一些備選點不一定合適。好比南京靜海寺，這是個新建的建築，不是遺產，當然要剔除。

三、中學生歷史課的切入點

梁：因為我也是學歷史的，現在當了校長，任教初中的中國歷史科。在香港中學的課程裏，其實一直對「海上絲綢之

路」不太重視，以前在高中課程裏還有「通識」的部分，因此我們以前讀書的時候還會了解鄭和對經濟發展的影響。雖然現在香港初中的中國歷史變成了必修科目，但學生對這個題目還是比較陌生的。作為一個中國歷史科老師，我想向你請教，如果我們向中學生講這個主題時，從哪個角度切入會比較容易讓同學了解我們國家這段很偉大的歷史呢？

孫：我覺得我們古老的東方大國，即是古代中國，由於地理環境的區隔，西面有高山、沙漠的阻擋，東面是大海，使它長期處於一個獨立的、自我發展的過程中，但這個過程並不意味着它和其他文明沒有往來。中國巨大的變化，好比從上古到中古的巨大變化，正是由於佛教進入了中國，使中國發生了巨大的變化。這些包含佛教在內的文化因素要進入中國，它們得有進入中國的途徑，而佛教進入中國的途徑主要有兩條，一條是陸上絲綢之路，另一條是海上絲綢之路。當然還有沒有南方絲綢之路，跨越高原和叢林的一條絲綢之路？有，但重要性不及海上和沙漠綠洲的絲綢之路。這一些絲綢之路把我們和南亞次大陸聯繫起來。

但正如有學者已經指出，這些路在時間上不只是從佛教進入中國或漢代開始，因為佛教進入中國有兩種說法，一種是西漢末期，一種是東漢初期，但無論是西漢末期或東漢初期都不算太早。在更早的時候，東方故國就跟南亞有交流，像三星堆挖掘出那麼多海貝，哪裏來的？印度洋來的。怎麼過來的？現在已經有研究指出，是從古老的絲綢

之路繞了一個圈，從巴基斯坦、阿富汗，通過新疆進來的。所以它越往西越多，越往東越少；越往西越早，越往東越晚，已經證明早在公元前一千多年就有這種聯繫。這些道路的開通給中國帶來了很多新的植物種類、科學技術，還有文化藝術。正是因為這樣的東西方交流，才使我們世界不同文明之間發展到今天的樣子。

我想如果要給中小學生傳遞這樣的知識，更多是歷史的知識、文化意義的知識。歷史方面，就從前絲綢之路說起，我們很早已具有這種交流，自從航海技術發展以後，海上的大眾貿易可能是最重要的，今後最重要的一條道路就是海上的道路，它比陸上這條容易受到干擾的道路更加可靠。而且，交流所帶來的商品種類、數量，以及附着在上面的文化交流的產品更加多樣，我想是否可以從這些方面進行說明？可能我們的學術研究到了對中小學生、公眾進行講解時，需要有二次闡釋，把一些可靠的知識和故事講解給學生。

四、從考古角度看海上絲綢之路和陸上絲綢之路的不同

許：我們了解絲綢之路有很多歷史。海上絲綢之路跟一帶一路現在變成了一個概念，好多地方有「申遺」。如果從考古角度來看，海上絲綢之路跟陸上絲綢之路有相似的地方嗎？兩者在「申遺」上有比較困難的地方嗎？

孫：實際上，從考古的角度來說，我們針對的海上絲綢之路
更多的是屬於一種歷史研究，因為航線等這些概念，我們
最多只能通過歷史研究，而沒法通過實物來進行驗證，我
們更多的工作還是集中在海港城市，以及海港城市周邊的
座房、廟宇這樣的東西。而陸上絲綢之路，它除了城市以
外，還有個很重要的範疇 —— 道路，道路的調查、研究
和保護。我這幾年在調查的絲綢之路南亞廊道，即是從中
國西南 —— 緬甸、印度的道路，那麼我們重點的道路是以
線連點；而我們的海上絲綢之路，包括沙漠和草原絲綢之
路，可能只能是以點連線，先把點找出來，這個線還是虛
擬的，那就不一樣了。

五、現代政治與海上絲綢之路研究之間的關係和影響

梁：在我們推展海上絲綢之路的時候，會不會受到了一些現代
政治的影響，對於我們跟日本或朝鮮方面的學者的合作也
會有影響嗎？

孫：當然有。由於海上絲綢之路在聯合國教科文組織的推動過
程中，是被當作一個當代的政治話題來推動的。日本之所
以最積極地參加，我想可能不是出自歷史的目的，更多的
還是出自政治的目的，它想發揮一個區域 —— 甚或是世界
大國的地位和作用。而日本是古代絲綢之路貿易和文化交
流重要的一個環節，它更是當代絲綢之路研究，尤其是海

上絲綢之路研究的「領頭羊」，所以它當時雄心很大，但日本的雄心是因為它的經濟發展及經濟於當時處於頂峯，這是個必然的結果。現在日本長期處在經濟發展的停滯期，它對外的發展，包括學術研究都比過去萎縮，所以現在日本對於這個話題發言的聲音較少。相應的是中國，隨着經濟發展、教育水平的提高和公眾教育的普及，現在我們對這類話題的興趣越來越大，研究的投入也越來越多。所以我想在未來的時間裏，中國應該在這個領域發揮越來越大的作用。

六、雙方文化交流的實證

觀眾：以前可能限於語言或思想方面的限制，在「絲綢之路」的主題之上，我們如何交流呢？不知道是在哪一個程度上，或者是用哪一種方法？譬如說，我們所熟悉的交流最簡單的可能是 —— 我給你甚麼東西，然後你給我甚麼東西。那麼，在考古的角度而言，在實證方面，當我們輸出某些事物後，別人會給我們甚麼來證明當中是否有交流呢？

孫：當時的交流，尤其是文化層面的，好比說佛教的原典都不是我們認識的文字，所以當時到處都有譯經場，有一批僧人懂雙方語言，有的還懂得中亞國家的語言，所以譯經場從西到東，重心不斷在變，在不同都城也有譯經場，當時一些重要的海船上亦有翻譯人員，要通過這些人和當地

人打交道。那我們從考古上怎樣能夠認識當時存在的文化交流，好比說我在考察廣州的海上絲綢之路的遺存時，我就建議把南漢國王的陵墓列入。為甚麼呢？因為我們在南漢國王陵墓的出土文物中，看見一些不屬於中國生產的器物，而是來自東南亞、南亞等地方的，這就屬於文化交流的產品。儘管南漢國王的墓葬被盜情況嚴重，但是餘下的陶瓷器都還有從國外進貢的。這種陶瓷器一般而言不是很高級的產品，遠距離貿易往往最重要的是高級產品，它們體積小、重量輕、價值高，直到交通非常方便時，才順便運送那些價值不高的產品，它可以用於盛水，然後附帶售賣出去，最後才會出現這樣的東西。既然這樣的陶瓷器都有，那就說明當時貿易雙方的物質交流在各個層面都有，有高級奢侈品，甚至還有比較一般的東西。

許：以前交流，就是你給我拿點東西，我給你拿點東西，我認為貿易最初是一種交換。但現在交流，我想有幾個概念是很重要的：第一是經驗，我們要親身去看，親身去觸碰，親身去感受；第二是反思，這對於我自己而言有甚麼意義，往後我會有甚麼規劃。我想到一個重點，比方說我們要交流的是某些文化、歷史的話，我們先要了解「地平線的交會」，用西方的語言就是 fusion of horizon，意思是我從你的角度，或你從我的角度去看問題都沒有高低之差，以及大家是可以互相討論的。雙方的態度不是同情，也不是同理心，你怎樣看待這個問題，我就怎樣看待這個問題，互相達到理性的境界。簡單來說就是感受、反思、了解對方的想法，然後自己再思考應該怎樣做。

孫：我打個岔。剛才我們說到歷史交流，現在的歷史交流都是朝代史，以政治史為主軸的斷代史，這是自古的歷史傳統。但是我覺得文化史實際上也很重要，因為有些時候朝代變了，但文化仍在延續，而中國從古至今幾個大的變化恰巧就是文化的變化，好比說中國大歷史在三國兩晉要劃分一下，前面屬於上古，後面屬於中古，因為佛教傳入中國，影響到中國，這就是一種文化的影響，比物質交流更重要。到了宋元時期往往又要劃分一下，不管中國學者還是外國學者，尤其是有些外國學者更強調這一點，把宋代以後不稱為中國，我覺得這是不對的，它仍然是中國，怎麼不是中國呢？它只是在文化上的外來文化，草原文化的蒙元入主，以前從來沒有一個草原帝國越過黃河、越過長江統治全國，而蒙古做到了。很快到了明代，一個很短暫的時期，然後滿清又做到了。到了近古，有兩個朝代是北方文化入主中國，這仍然是文化的變化。之所以說宋代以後是近古，是因為它有很多變化。他們進來以後受到漢文化、儒家文化的影響並且融合了，但也發生了好些變化。我們把中國史分成了三大段，這三大段是靠文化，而不是靠政治分的。

梁：教授說得對。日本和朝鮮基本上就是因為儒家文化圈的一部分，也是海上絲綢之路最大的受益者。

◎ 責任編輯　劉萄諾　潘沛雯
◎ 封面設計　高　林
◎ 版式設計　鄧佩儀
◎ 排　　版　賴艷萍
◎ 印　　務　劉漢舉

校長論壇選萃

學校價值教育面面觀 2022

出版｜中華教育

香港北角英皇道 499 號北角工業大廈 1 樓 B 室

電話：(852) 2137 2338　傳真：(852) 2713 8202

電子郵件：info@chunghwabook.com.hk

網址：http://www.chunghwabook.com.hk

發行｜香港聯合書刊物流有限公司

香港新界荃灣德士古道 220-248 號荃灣工業中心 16 樓

電話：(852) 2150 2100　傳真：(852) 2407 3062

電子郵件：info@suplogistics.com.hk

印刷｜美雅印刷製本有限公司

香港觀塘榮業街 6 號海濱工業大廈 4 字樓 A 室

版次｜2024 年 6 月第 1 版第 1 次印刷

©2024 中華教育

規格｜16 開（210mm x 153mm）

ISBN｜978-988-8861-55-2